„Rückenschule"
im Schulsport

Michael Medler / Walter Mielke

„Rückenschule"
im Schulsport

Flensburg 1999

2. Auflage
© Sportbuch-Verlag Ⓜ Corinna Medler, Pinienhof 7
24944 Flensburg · Telefon (04 61) 3 43 44 · Telefax (04 61) 31 17 49
Nachdruck, auch auszugsweise, nur mit Genehmigung des Verfassers
Zeichnungen: Michael Medler, Flensburg
Herstellung: Evert-Druck, Neumünster
ISBN 3-928695-04-5

Inhalt

Einleitung

Die präventive Rückenschule versteht sich als ganzheitliches Konzept. Ihr Ziel ist die Schaffung eines "Rückenbewußtseins" und die Sensibilisierung für rückenfreundliche Bewegungsausführungen und rückenschonende Verhaltensweisen. Zu dieser umfassenden Zielsetzung kann der Schulsport nur einen gewissen Teil beitragen; diesen haben wir im Titel dieses Buches in Anführungszeichen gesetzt. *"Rückenschule" im Schulsport* versteht sich als sportliches Konzept. Ihr Anliegen ist das Aufzeigen von Möglichkeiten, wie im Zusammenhang mit den Bewegungsangeboten des Schulsports auch dafür Sorge getragen werden kann, daß der Rücken die notwendige Zuwendung erfährt.

"Rückenschule" im Schulsport ist Gesundheitsförderung, denn sie wirkt mit praktischen Programmen. Überall dort, wo das sportliche Angebot nicht schon selbst dafür geeignet ist, entsprechende Reizsetzungen für die Stabilität des Rückens zu ermöglichen, ergibt sich notwendig die Frage nach Ergänzungen des Programms. Aus der Gesundheitsförderung wächst die Gesundheitserziehung, wenn es gelingt, ihre Prinzipien bewußt zu machen. Der Schulsport kann einen wesentlichen Beitrag dazu leisten, das Anliegen der Rückenschule in den Köpfen der Schülerinnen und Schüler so zu verankern, daß es auch über die Schulzeit hinaus Bedeutung behält.

Schwerpunkte der Darstellungen des Buches sind die Bereiche Stabilisierung und Kräftigung. Denn es ist in erster Linie ein stabiler Rücken, der den Anforderungen des täglichen Lebens und auch den z.T. nur sehr einseitigen Anforderungen des Schulsports am besten gewachsen ist. Erst wenn Rückenschule selbst zum Programmthema wird, geht es ganz gezielt auch um die Bereiche Mobilisierung, Dehnung und Entspannung. Möglichkeiten ihrer Erarbeitung im Schulsport sind im letzten Teil des Buches dargestellt. Für Vertiefungen verweisen wir auf die inzwischen schon sehr umfangreiche Literatur zu diesem Thema.

Didaktisch-methodische Einordnung

Warum Rückenschule im Schulsport?

Wer das Thema "Rückenschule im Schulsport" zum Thema eines Buches macht, setzt sich zunächst einmal dem Verdacht aus, auf den Zug von Modetrends aufzuspringen und mit einem schon im außerschulischen Bereich vielfach überzeichneten Klischee nun auch noch den Schulsport mißbrauchen zu wollen. Tatsache ist jedoch, daß der körperliche Zustand der Kinder und Jugendlichen in einem so erschreckenden Zustand ist, daß eine Gesundheitsorientierung dringend geboten ist. Tatsache ist auch, daß gerade Modetrends in den letzten Jahren eine deutliche Bereicherung des Sports gebracht haben, die insbesondere auch die Anstrengungen für eine bessere Gesundheitsvorsorge positiv unterstützt haben. Man denke nur an die Laufbewegung mit ihren vielen Lauftreffs, an die Funktionsgymnastik mit ihrer Reichweite bis in die kommerziellen Fitneßstudios und an die vielen unterschiedlichen Aerobicprogramme mit ihren differenzierten altersangemessenen Angeboten. Alle drei Bereiche haben auch ihre Wirkungen im Schulsport hinterlassen.

Bei der Frage nach dem Warum einer Rückenschule im Schulsport erscheinen uns drei Aspekte von Bedeutung: 1. Rückenschule als Haltungschule, 2. Rückenschule als ergänzende Maßnahme und 3. Rückenschule als lebensbegleitender Sport.

1. Rückenschule als Haltungsschule

Mit dem Thema Rückenschule eröffnet sich die Chance, einen verbesserten Zugang zu einem Bereich zu bekommen, der bis dahin viel zu wenig Aufmerksamkeit bekommen hat: der Haltungsverfall von Kindern und Jugendlichen. Zwar hat man diesem schon immer entgegenzuwirken versucht mit Programmen zum Sportförderunterricht, unter dieser Überschrift hat es jedoch weder bei den Kindern, von diesen boshaft mit "Krückenturnen" bezeichnet, noch bei den Schulorganisatoren, die ihm die entsprechende Stundenzahl versagten, die erforderliche Anerkennung gebracht. Hier zeigt sich der Vorteil von Modetrends: die Aufmerksamkeit ist ihnen meistens sicher. Das, was bis dahin als Sportförderunterricht für das haltungs- und bewegungsschwache Kind nur wenig Beachtung gefunden hat, erlebt mit dem Thema "Rückenschule" derzeit eine Aufgeschlossenheit von allen Seiten, die es auch für den Schulsport zu nutzen gilt.

Die gesundheitliche Situation von Kindern und Jugendlichen ist inzwischen so schlecht, daß es mit ergänzenden Stunden durch Sportförderunterricht für einige wenige Schüler nicht mehr getan ist. Die zivilisationsbedingten Bewegungsmangelfolgen haben alarmierende Prozentsätze erreicht. Bei etwa je 30% von Kindern und Jugendlichen liegen Übergewicht, Kreislaufschwächen und Koordinationsschwächen vor, und je nach Art des Untersuchungsansatzes sind bei 35% (HAHMANN 1992) bis 65% der 8- bis 18jährigen (HOLLMANN 1978) Haltungsschwächen und sogar Haltungsschäden festzustellen. D.h. im Mittel haben jedes zweite Kind und jeder zweite Jugendliche Haltungsauffälligkeiten.

Unabhängig davon, daß alle funktionellen Störungen sich gegenseitig bedingen, liegt die Aufmerksamkeit der Rückenschule bei den Haltungsschwächen mit der Aufgabe, präventiv wirksam zu sein und frühzeitig die entsprechenden Entwicklungsreize zu setzen. Rückenschule im Schulsport ist deshalb in erster Linie präventive Haltungsschule.

Haltungsschwächen resultieren im wesentlichen aus Muskelschwächen der den Rumpf stabilisierenden Muskulatur. Die im heutigen Alltag von Kindern und Jugendlichen erzielten Beanspruchungen eben dieser Muskulatur reichen für eine entsprechende Reizsetzung nicht aus. Für eine leistungsfähige Muskulatur ist eine quantitativ und qualitativ ausreichende Mindestbelastung erforderlich. Wenn im Bereich der Muskelkraft niemals eine Reizschwelle von 20 - 30% überschritten wird, resultieren daraus Funktions- und Leistungseinbußen. Der Mangel an regelmäßiger, systematischer Bewegung hat einen negativen Einfluß auf die Reifung des Haltungs- und Bewegungsapparates.

Erst regelmäßige Reizsetzung im überschwelligen Bereich bewirkt positive Anpassungserscheinungen, und erst die sich im physiologischen Gleichgewicht befindliche Muskulatur kann die erforderliche Haltearbeit und damit eine Schutzfunktion für die Wirbelsäule übernehmen. Dabei gilt die Reizsetzung im Kindesalter als "Substanz für das ganze Leben" (HAHMANN 1992, 37). Was in diesem Alter versäumt wird, ist später nicht mehr nachzuholen. Die Versäumnisse beziehen sich keineswegs nur auf die Muskulatur, sie schließen entsprechende Anpassungsreaktionen des Skeletts, des Gelenkknorpels, des Kapsel-, Band- und Sehnengewebes mit ein, die bei Beanspruchung mit einer Vergrößerung der Gewebequerschnitte und mit Festigkeitszunahme reagieren. Bewegungsmangel steht damit am Beginn einer ganzen Kette von negativen Befunden, an deren Ende Entwicklungs-, Gesundheits- und Leistungsstörungen stehen.

So werden Rückenschmerzen auch bei Kindern schon immer häufiger, und "das Durchschnittsalter, in dem erstmals Rückenschmerzen auftreten, verlagert sich zu immer jüngeren Patienten" (KEMPF/FISCHER 1993, 34). Der Grund liegt wohl darin, daß die vermeintlichen Ruhehaltungen selbst schon Belastungen darstellen. Wer, wie es in der Schule üblich ist, stundenlang sitzt, braucht eine starke Haltemuskulatur, um nicht in unphysiologische Ruhehaltungen abzusinken. Wenn schon nach zwei Jahren nach der Einschulung fast 50% der Kinder als "haltungsverfallen" eingestuft werden, wird deutlich, welche dramatische Wende im Bewegungsverhalten für die Kinder mit dem Schulbesuch verbunden ist, aber auch welche Verantwortung insbesondere die Grundschule hier zu übernehmen hat.

Auch als Haltungsschule verstehen wir Rückenschule als Teil des "normalen" Sporttreibens, nicht als Sondermaßnahme und nicht als ein Instrument eines Gesundheitssports. Der Weg aus dem Abseits des Sportförderunterrichts darf auch nicht mit einem neuen Abseits beantwortet werden, indem man die Probleme allein dadurch zu lösen versucht, daß Tragen, Heben und Sitzen zum Thema werden. Für die Kinder und Jugendlichen hat sich nämlich nichts geändert: Gesundheit ist für sie nach wie vor kein Thema. Erfolg wird sich nur dann einstellen, wenn die Angebote sich auf die entscheidenden Defizite beziehen und so dargeboten werden, daß sie den Erlebnishorizont der Kinder erreichen. Probleme des Sitzens z.B. sollten nicht gerade in dem Fach zum Thema gemacht werden, im dem das Sitzen im Gegensatz zu allen anderen Fächern überhaupt keine Rolle spielt. Für die Veränderung von Verhaltensweisen bedarf es eines fächerübergreifenden Ansatzes, der Schulsport kann dabei seinen spezifischen Beitrag leisten.

2. Rückenschule als ergänzende Maßnahme

Für die körperliche Entwicklung ist jedes Bewegungsangebot besser als keins. Nicht selbstverständlich aber ist jedes Sporttreiben auch schon gesund. Wenn darüber Klage geführt wird, daß es bei Kindern und Jugendlichen auch schon beim normalen Schulsport zu Überlastungen kommen kann, dann liegt es sicherlich im wesentlichen an der soeben herausgestellten fehlenden Belastungsverträglichkeit, es liegt andererseits aber auch an der Belastungsstruktur. Die Angebote des Schulsports haben sich im Zusammenhang mit der stärkeren Ausrichtung an den Spielsportarten zu einer gewissen Einseitigkeit der körperlichen Reizsetzung entwickelt.

Egal ob Volleyball, Basketball, Handball, Fußball, Tennis oder Badminton

gespielt oder in einer integrativen Spielerziehung in der Grundschule
dafür vorbereitet wird, bezogen auf den Bewegungsapparat sind alle
diese Spiele mit ähnlichen Anforderungen verbunden, und die mit ihnen
erzielten Belastungen reichen keineswegs aus, um die körperlichen
Funktionen umfassend zu entwickeln. Spielsportarten können als "Fußgängersportarten" charakterisiert werden. Bei ihnen wird schwerpunktmäßig die Antriebsmuskulatur der Beine beansprucht, vernachlässigt wird
dagegen die Muskulatur des Rumpfes. Die Folge sind muskuläre Ungleichgewichte mit einer ausgeprägten Muskulatur vor allem der unteren
Extremitäten und einer nur wenig entwickelten Rumpfmuskulatur.

Muskuläre Ungleichgewichte setzen die Belastbarkeit des Bewegungsapparates herab und führen zu einer starken Beanspruchung der nur
wenig stabilisierten Wirbelsäule, die zum schwächsten Glied in der Kette
wird. Denn Tatsache ist, daß eine stabile Haltemuskulatur gerade auch
bei den Spielsportarten keineswegs eine untergeordnete Rolle spielt: Sie
gilt den Extremitätenbewegungen als Widerlager und kann diese Aufgabe
nur dann erfüllen, wenn sie entsprechend ausgebildet ist. Bei einer nur
schwachen Ausprägung wird der gesamte Körper in Mitleidenschaft gezogen.

Die mit den "Fußgängersportarten" einhergehende Einbuße an Vielseitigkeit und Gründlichkeit der körperlichen Ausbildung bis hin zu einer
Gefährdung der muskulären Ausbildung der Haltemuskulatur des Rumpfes bedarf der besonderen Aufmerksamkeit des Lehrenden. Da die mit
vielen Angeboten des Schulsports verbundenen Belastungen schon einen
entsprechend guten Funktionszustand des Organismus voraussetzen, ist
der Schulsport selbst auch aufgerufen, diese zu vermitteln, wenn die
Forderung nach gesundem Sporttreiben ernst genommen wird. Wo etwas
vergessen wird, sind ergänzende Angebote notwendig. Als ergänzende
Maßnahme definiert Rückenschule sich als ein gewisses Krafttraining für
die rumpfstabilisierende Muskulatur, das im "normalen" Sportunterricht
immer wieder einen besonderen Platz finden sollte.

3. Rückenschule als lebensbegleitender Sport

Waren die ersten beiden Aspekte mehr der Gesundheitsförderung vorbehalten, so geht es jetzt schwerpunktmäßig um die Gesundheitserziehung
mit einer Wirkung über die Schulzeit hinaus. Dafür ist es notwendig,
praktisches Handeln bewußt zu machen und Kenntnisse und Einsichten
in ein Sporttreiben zu vermitteln, das für die Gesunderhaltung des Bewegungsapparates lebenslang von Bedeutung ist. In den Mittelpunkt gehören Antworten auf die Fragen, was man tut und wofür man es tut.

Dafür ist das Thema "präventive Rückenschule" von wesentlicher Bedeutung. Denn wie kein anderes Angebot verkörpert es die Vorzüge des aufgeklärten körperbezogenen Fitneßsports. Der Name selbst ist Symbol und Kennzeichen für eine vor allem körperschonende Ausrichtung des Sporttreibens mit einer besonderen Orientierung der Programmgestaltung an den Problembereichen menschlichen Bewegens. Vor allem durch die Funktionsgymnastik (KNEBEL 1985) hat die präventive Rückenschule in den letzten Jahren eine Befruchtung erfahren, die es auch für den Sportunterricht an den Schulen zu nutzen gilt.

In der Verbindung von Theorie und Praxis liegt die Chance einer Vertiefung der Problematik. Der oft nur schwer herstellbare Praxis-Theorie-Bezug ergibt sich bei dieser Thematik fast von selbst. Bau, Funktion, Funktionalität und Arbeitsweise des Bewegungsapparates sind integrale Bestandteile der Rückenschule. Arbeitskarten als Informationsträger haben sich dabei besonders bewährt (vgl. MEDLER 1993).

Die Behandlung der theoretischen Grundlagen ist vor allem den älteren Jahrgängen, z.B. den Abgangsklassen, den berufsbildenden Schulen und der gymnasialen Oberstufe, vorbehalten. Insbesondere für Grundkurse und Leistungskurse ist dieses Thema besonders gut geeignet, physiologische und anatomische Grundlagen des Sporttreibens und die gesellschaftliche Bedeutung einer Gesundheitserziehung durch Sporttreiben herauszuarbeiten.

Für lebensbegleitendes Sporttreiben ist die Rückenschule schließlich auch deshalb ein wichtiges Programm, weil es nicht unbedingt einer Sporthalle bedarf, um es durchzuführen. Für seine Umsetzung reicht der Teppich zu Hause oder der Stuhl im Klassenzimmer. Wer die Prinzipien einmal begriffen und die Vielseitigkeit der Umsetzung erfahren hat, ist für eine individuelle Gesundheitsvorsorge in jeder Lebenslage gerüstet.

Wie Rückenschule im Schulsport ?

Angesichts des Bewegungsmangels und den daraus resultierenden Bewegungsmangelkrankheiten heißt die erste Regel einer Gesundheitsvorsorge, und diese gilt auch für die Rückenschule: Du sollst dich viel bewegen! Allein um diesen Ansatz geht es hier jedoch nicht. Bewegung im allgemeinen Sinne ist Aufgabe des Sportunterrichts überhaupt. Für viel Bewegung zu sorgen, heißt insbesondere dafür Sorge zu tragen, daß die Anzahl der Sportstunden und die der Bewegungsanlässe vermehrt werden. Uns geht es um das besondere Bewegungsangebot, nämlich um das, mit dem dem aufgezeigten Haltungsverfall gezielt entgegengewirkt werden kann.

Kinder und Jugendliche sind keine kleinen Erwachsenen, weder physisch, noch psychisch. Deshalb sind Gesundheitsvorsorgeprogramme wie die Rückenschule, die für Erwachsene konzipiert wurden, auch keine angemessenen Angebote für sie. Für Kinder und Jugendliche ist Gesundheit kein Thema, und auch das missionarische Auftreten, das in den Medien sehr verbreitet ist, ist hier fehl am Platze. Nehmen wir den Satz, daß Kinder keine kleinen Erwachsenen sind, ernst, dann dürfen Erwachsenenprogramme auch nicht durch die Hintertür wieder hereinkommen. Diese Gefahr ist mit den vielerorts für die Rückenschule empfohlenen Themen wie Progressive Relaxation und Partnermassage, autogenes Training und Entspannung durch ruhiges Atmen groß. Gezielte Programme im Schulsport haben nur dann die beabsichtigte Wirkung, wenn sie in der Lebenswelt der Kinder ihren Ausgang nehmen und in den Erlebnishorizont der Kinder geraten, d.h. wenn sie Spaß machen. Entspannung z.B. stellt sich bei Kindern, und nicht nur bei diesen, wie jeder Sporttreibende aus Erfahrung weiß, als Folge von erlebter Spannung ein, wenn ihnen die Chance zur Spannung beim spontanen Ausleben ihrer Bewegungsbedürfnisse gegeben wurde.

Rückenschule für Kinder heißt, ihren Erwartungen gerecht zu werden, d.h. sie in Bewegung und Spiel zu verwirklichen. Wie bei vielen anderen Themen kommt es auch hier darauf an, die Angebote angemessen zu verpacken. Über Bewegungs- und Spielfreude bahnen sich Motive und Einstellungen, und Vielseitigkeit und Bewegungsreichtum sind die geeigneten Gestaltungskriterien. Kopfgesteuerte Bewegungsangebote überfordern die Kinder. Diese haben einen starken Bewegungsdrang, aber nur geringe Konzentrationsfähigkeit und Konzentrationsausdauer. Und das darf nicht nur gesagt, danach muß auch gehandelt werden. Ein mehr spezifischer Charakter der Programme kann erst dann eine Rolle spielen, wenn die Jugendlichen beginnen, ihrem eigenen Körper mehr Aufmerksamkeit zu schenken. Das ist bei Mädchen etwa ab dem Alter von 14/15 Jahren und bei Jungen ab 16/17 Jahren der Fall. Ab diesem Altersbereich gelingt auch eine bewußtere, insbesondere auch kognitive Zuwendung zu diesem Thema. Ein Verständnis für die funktionelle Gymnastik, die Einsicht in ihre Notwendigkeit und die Geduld und Konzentration für die Arbeit in den ansonsten wenig motivierenden Programmen bringen erst die Jugendlichen späterer Jahrgänge mit.

Da körperliche Belastungen nur dann die gewünschte Wirkung zeigen, wenn sie mit gewisser Regelmäßigkeit durchgeführt werden, ist auch eine

Rückenschule nur dann erfolgreich, wenn sie zum unterrichtsbegleitenden Thema, d.h. integrativer Bestandteil jeden Sporttreibens wird. Das ist ein Anspruch, der nicht so leicht zu erfüllen ist. Ohne eine konsequente Planung ist das nicht machbar. Sicher kann es dabei nicht darum gehen, ganze Stunden mit diesem Thema zu füllen. Rückenschule hat vielmehr in Stundenteilen ihren Platz. So gehört sie mal in die Aufwärmphase, weil im Hauptteil ganz andere Aufgaben stehen, mal ist sie im Turnen beherbergt, oder es werden die für den Hauptteil aufgebauten Geräte genutzt, und ein anderes Mal wird am Schluß der Stunde noch ein besonderes Programm gestaltet.

Völlig ausreichend sind zunächst Kraftbelastungen, wie sie durch Ganzkörperübungen im freien Turnen angeboten werden. Gut geeignet sind Hindernisparcours und Gerätebahnen, Klettergeräte, Stütz-, Hang- und Zuggeräte, aber auch Rollbretter und Kreisel, wenn sie im Gerätepark der Schule vorhanden sind. Ganzkörperübungen sind kindgemäße Kraftübungen. Sie sprechen den Bewegungsapparat in vielfältiger Weise an, machen Spaß, bieten Verlockung und können mit Abenteuer und Erlebnis verbunden werden. Das freie Turnen ist eine Fundgrube von Übungen, die sich für eine Rückenschule besonders gut eignen (vgl. BRUCKMANN/ DIECKERT/HERRMANN 1991, GUSEK/MEDLER/ROBINSON/SCHUSTER 1993). Im Mittelpunkt steht der Spaß am Spiel mit den kräftigenden Bewegungen.

Wichtige Ergänzungen sind Gleichgewichtsübungen in Ruhe und in der Bewegung, da mit ihnen "reflektorisch die Haltemuskulatur beansprucht" wird, "insbesondere die wichtige und nur schwer isoliert trainierbare autochthone Rückenmuskulatur" (KEMPF/FISCHER 1994, 131), sowie leichte Hüpf- und Sprungübungen, mit denen vor allem auch eine Kräftigung der Füße erreicht wird.

Richtig gefordert sind Einfallsreichtum und Kreativität des Lehrers, wenn in den folgenden Jahrgängen Sportarten auf dem Programm stehen, die mit einem rückengerechten Krafttraining gar nichts zu tun haben, wenn z.B. Ballspiele oder Leichtathletik unterrichtet werden. Kraftübungen für den Halteapparat wird es in diesen Stunden nur dann geben, wenn sie mit Absicht ins Programm genommen werden. Wir werden im praktischen Teil dieses Buches darstellen, daß es durchaus möglich ist, auch in solchen Stunden angemessene Kraftbelastungen zu gestalten, ohne die eigentlichen Zielsetzungen der Stunden aus dem Blick zu verlieren. Denn selbstverständlich können auch mit einem Ball und anderen Geräten Bewegungsanlässe für ein rumpfstabilisierendes Krafttraining gestaltet werden. Für eine entsprechende Reizsetzung ist kaum Zeitaufwand

erforderlich, sie integriert sich problemlos in jede Aufwärmarbeit; besonders wichtig ist allerdings die Regelmäßigkeit solcher Übungen.

Krafttraining im Kindesalter

Da Kraft Voraussetzung für eine ausreichende Körperstatik ist, ist ein
entsprechendes Krafttraining die Voraussetzung für ihren Erhalt und ihre
Verbesserung. Die Frage nach dem Sinn von Krafttraining im Kindesalter
und seinem Ertrag in diesem Altersabschnitt ist deshalb eine wichtige
bezogen auf unser Thema Rückenschule.

Obwohl die Diskussion um ein Krafttraining vor dem Eintritt in die Puber-
tät noch nicht abgeschlossen ist, kann als gesichert festgestellt werden,
daß ein gezieltes Krafttraining auch bei Kindern im Grundschulalter schon
deutliche Erfolge zeigt. Als gesichert gilt auch die Erkenntnis, daß Kraftbelastungen sogar in diesem Alter schon unbedingt notwendig sind, will
man die Körperhaltung der Kinder nicht aufs Spiel setzen, und als gesichert gilt auch, daß hier Versäumtes später kaum nachgeholt werden
kann.

Der Schwerpunkt des Kraftgewinns im Kindesalter liegt in der Verbesserung der für die Kraftleistungen erforderlichen koordinativen Größen,
nicht in der Zunahme von Muskelmasse. Kinder haben optimale neuro-
muskuläre Koordinationsvoraussetzungen. Der Kraftzugewinn ist für den
Beobachter durchaus sichtbar, nicht aber an Muskelpaketen, sondern in
der Verbesserung der mit den Kraftübungen zusammenhängenden
Bewegungsqualität und -quantität. Verbessert wird zunächst die inter-
muskuläre, später die intramuskuläre Koordination. Unter intermuskulärer
Koordination versteht man die Zusammenarbeit der Synergisten bei
weniger bremsender Arbeit der Antagonisten und unter intramuskulärer
Koordination das Zuschalten von anderen Muskelfasern. Beide koordinativen Fähigkeiten werden durch entsprechende Programme gelernt.

Entsprechend dem koordinativen Schwerpunkt der Kraftverbesserung
muß auch der dynamischen Trainingsmethode der Vorzug gegeben
werden. Sie entspricht dem spontanen und explosiven Bewegungsdrang
der Kinder und bietet besondere motivationsfördernde Komponenten.
Wenn es unter demselben Vorzeichen parallel dazu auch gelingt, statische Kraftleistungen zu verlangen, ist es deshalb von Vorteil, weil bei
diesen Beanspruchungen schon etwa 30% der Maximalkraft ausreichen,
um angemessene Kraftgewinne zu erzielen, und weil man bei dynamischer Arbeitsweise lange arbeiten muß, um auf die gleiche Gesamt-
belastung zu kommen. Die besondere Bedeutung des statischen Kraft-

trainings gerade im Bezug auf die intramuskuläre Koordination ist bisher unterschätzt worden. Ihr besonderer Schwerpunkt liegt natürlich erst bei den älteren Jahrgängen. Wenn es aber gelingt, sie entsprechend zu verpacken, steht ihrer Verwendung auch bei den jüngeren nichts im Wege. Bei dem auf die Muskeln der Stützmotorik zielenden Krafttraining, und um die geht es innerhalb der Rückenschule ja schwerpunktmäßig, sind es vor allem die Bauch-, Rücken-, Schulter- und Hüftmuskulatur, die auch mit statischen Übungen trainiert werden können.

Vorteilhaft für das Krafttraining mit Kindern ist die konstitutionell bedingte günstigere relative Kraft, die auf einem günstigeren Kraft-Last-Verhältnis beruht. In diesem Bereich liegen auch die entscheidenden Verbesserungen. Denn der durch das Krafttraining bedingte höhere Energieumsatz mit entsprechender Fettverbrennung bewirkt eine günstige "Verschiebung des Verhältnisses von Muskelmasse und Gesamtkörpermasse" (HAHMANN, 1992, 73). Beispiele sind die grazilen Leistungsturnerinnen, die enorme Kraftleistungen vollbringen, ohne daß ihre Kraft nach außen hin sichtbar ist.

Das Krafttraining mit Kindern hat allerdings eine Reihe von Grenzen, die der besonderen Beachtung bedürfen. Zunächst einmal gilt es, die anatomisch-funktionalen Gesichtspunkte im Auge zu behalten. Der im Wachstum befindliche Körper mit noch nicht verknöcherten Epiphysenfugen bedarf dabei besonderer Aufmerksamkeit. Die Erkenntnisse der Funktionsgymnastik sind für Kinder natürlich genauso wichtig wie für den Erwachsenen. Dabei ist jedoch jede Übertreibung unangebracht. Ob Liegestütz, Klimmzug oder Beugestütz, deren günstige Trainingswirkung auf die Rumpfmuskulatur nicht bestritten werden kann, unangemessene Belastungen sind, hängt von den Voraussetzungen der die Übungen stabilisierenden Muskulatur ab, und diese sind individuell ganz unterschiedlich. Wenn beim Liegestütz bei einem Kind "Schulterflügel" entstehen, dann ist die Übung als Trainingsübung für dieses Kind nicht geeignet. Das heißt aber nicht, daß der Liegestütz für alle anderen auch nicht geeignet ist. Auch heißt es nicht, daß er nicht durch ein entsprechendes Aufbauprogramm entwickelt werden kann. Krafttraining mit Kindern bedarf in vielen Fällen der Differenzierung, um optimal zu fördern. Das ist schon deshalb notwendig, weil nur bei Beanspruchungen oberhalb eines bestimmten Schwellenreizes auch mit Anpassungserscheinungen zu rechnen ist.

Vorsicht ist bei allen Maximalbeanspruchungen geboten. Mal eine Herausforderung mit einem Maximum ist durchaus zu verantworten und kann vor allem für die Motivation sehr förderlich sein. Als Trainingsübungen sind Maximalbelastungen jedoch ungeeignet, weil sie die für den koordinativen Schwerpunkt der Wirkungsweise notwendige saubere Ausführung behindern. Bei Maximalbelastungen wird "gewürgt" und dadurch unfunktionale Nebenbewegungen provoziert.

Die Aussage, daß Kinder für ein Krafttraining ungeeignet seien, ist richtig für das Training mit Zusatzgewichten und das Heben über den Kopf. Trainingsgerät der Kinder ist ihr eigener Körper beim Klettern, Hangeln, Hängen, Stützeln, Stützen, Schwingen und beim Halten bestimmter Positionen. Erst nach Abschluß der körperlichen Entwicklung gewinnen auch Zusatzgeräte an Bedeutung für das Krafttraining, die Rückenschule bleibt davon jedoch unberührt.

Gelernt wird schließlich auch ein psychologisches Moment, nämlich die Bereitschaft sich anzustrengen. Wer in jungen Jahren regelmäßig Kraftbelastungen erfahren hat, ist erfahrungsgemäß auch später eher dazu bereit. Rückenschule als lebensbegleitendes Sporttreiben hat in diesen jungen Jahren auch psychologisch entscheidende Wurzeln.

Anatomische und funktionelle Grundlagen

Ansatzpunkt der Rückenschule ist der Bewegungsapparat. Von besonderem Interesse sind auf der passiven Seite die Wirbelsäule und auf der aktiven Seite die sie stabilisierende und bewegende Muskulatur. Wer sich mit der Rückenschule beschäftigt, sollte sich mit den wesentlichen Details vertraut machen. Das wichtigste haben wir in diesem Kapitel noch einmal zusammengefaßt.

Von den großen Muskelgruppen des Körpers, die wir in zwei Schaubildern dargestellt haben (Abb.1,2), sind es vor allem die Muskeln der Vorder- und der Rückseite des Rumpfes, die entscheidenden Einfluß auf Haltung und Funktion der Wirbelsäule haben. Es sind dies auf der Vorderseite die Brustmuskulatur, die Bauchmuskulatur und die Sägemuskeln und auf der Rückseite der Trapezmuskel, die Rautenmuskeln, der große Rückenmuskel, die Gesäßmuskulatur und der Rückenstrecker.

Da die Bewegung der Wirbelsäule wie jede andere Bewegung "kein isoliertes Einzelgeschehen" (KNEBEL 1985, 37) ist, sondern ihre Muskelgruppen immer in einem bestimmten Wirkungsgefüge zueinander stehen, ist die Betrachtung der funktionell-anatomischen Grundlagen, wie sie von der Funktionsgymnastik herausgearbeitet worden sind, von besonderer Bedeutung. Die Muskulatur des Menschen teilt sich in drei Gruppen, von denen eine (tonische Muskulatur) zur Verkürzung (Abb.3,4) und eine andere (phasische Muskulatur) zur Abschwächung (Abb.5,6) neigt, während eine dritte indifferentes Verhalten zeigt (vgl. KNEBEL 1985, 1988, SPRING u.a. 1986).

Die in den Schaubildern zusammengestellten Übersichten zeigen, daß die Mehrzahl der den Rumpf stabilisierenden und bewegenden Muskeln zur Abschwächung neigen. Ausnahmen sind lediglich der Rückenstrecker im Halswirbel- und Lendenwirbelbereich und die Brustmuskulatur. Zwar ist die zur Verkürzung neigende tonische Muskulatur im Normalfall angemessen dehnfähig und die zur Abschwächung neigende phasische entsprechend kraftfähig, bei stetiger Unter- und Überbelastung und auch bei Fehlbelastungen kommt es jedoch zu ernsthaften Beeinträchtigungen, die das muskuläre Zusammenspiel erheblich stören.

Genau hier muß der Grund für viele Haltungsschwächen und -schäden gesucht werden, und genau hier nimmt die präventive Rückenschule ihren Ausgangspunkt. Die Vermeidung von Funktionsstörungen durch muskuläre Ungleichgewichte bedarf eines Bewegungsprogramms, in

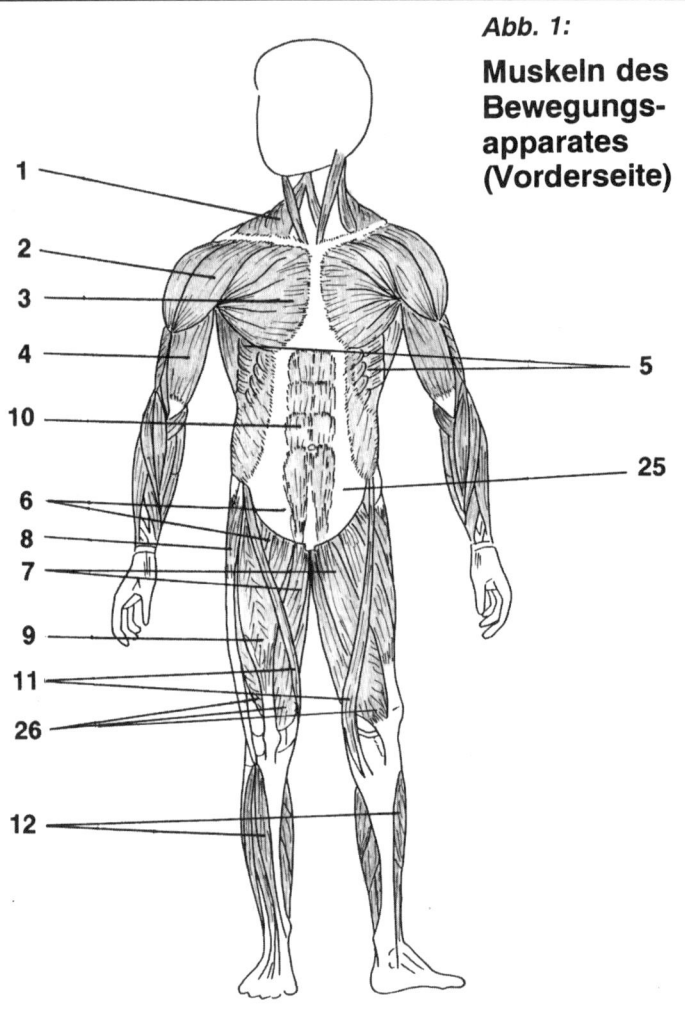

Abb. 1:

Muskeln des Bewegungs- apparates (Vorderseite)

1 Kapuzenmuskel (Trapezmuskel
2 Deltamuskel
3 Brustmuskeln
4 Zweiköpfiger Armmuskel (Bizeps)
5 Vorderer Sägemuskel
6 Lendendarmbeinmuskel
7 Schenkelanzieher

8 Schenkelbindenspanner
9 Gerader Schenkelmuskel
10 Gerader Bauchmuskel
11 Schneidermuskel
12 Vorderer Schienbeinmuskel
25 Schräge Bauchmuskeln
26 Kniegelenkstrecker
    (äußerer und innerer Kopf)

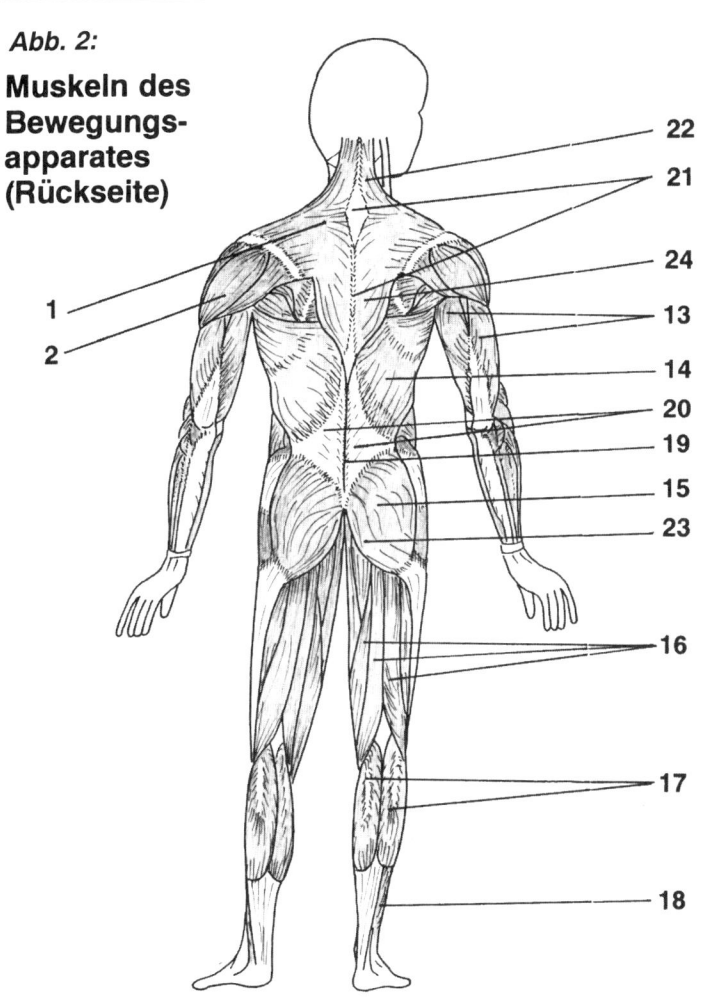

Abb. 2:

Muskeln des Bewegungs- apparates (Rückseite)

1 Kapuzenmuskel (Trapezmuskel)
2 Deltamuskel
13 Ellbogenstrecker
14 Breiter Rückenmuskel
15 Gesäßmuskeln
16 Hintere Oberschenkelmuskeln
17 Zwillingswadenmuskel
18 Schollenmuskel

19 Viereckiger Lendenmuskel (verdeckt)
20 Rückenstrecker im Lendenwirbelbereich (verdeckt)
21 Rückenstrecker im Hals- und Brust- wirbelbereich (verdeckt)
22 Schulterblattheber
23 Birnenförmiger Muskel (verdeckt)
24 Rautenmuskel (verdeckt)

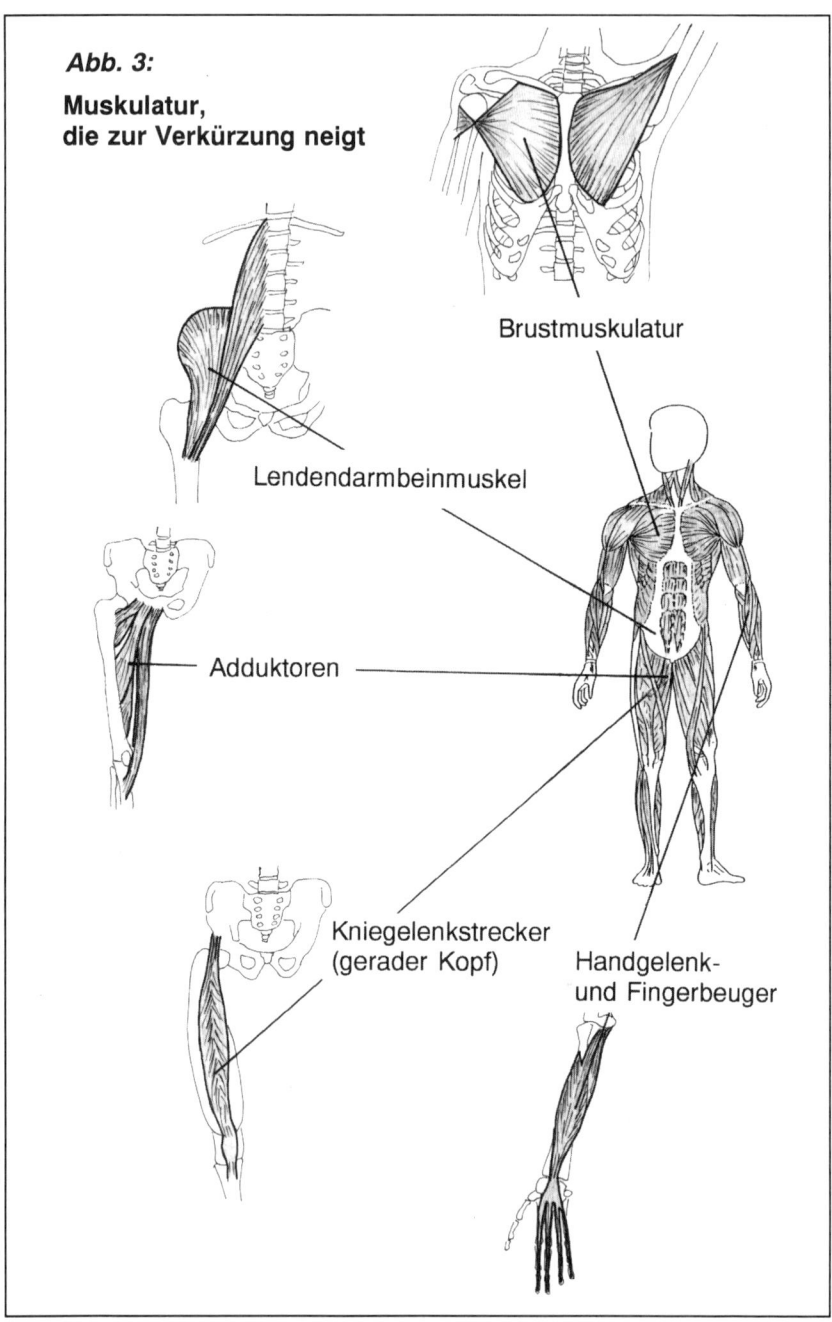

Abb. 3:

**Muskulatur,
die zur Verkürzung neigt**

Brustmuskulatur

Lendendarmbeinmuskel

Adduktoren

Kniegelenkstrecker
(gerader Kopf)

Handgelenk-
und Fingerbeuger

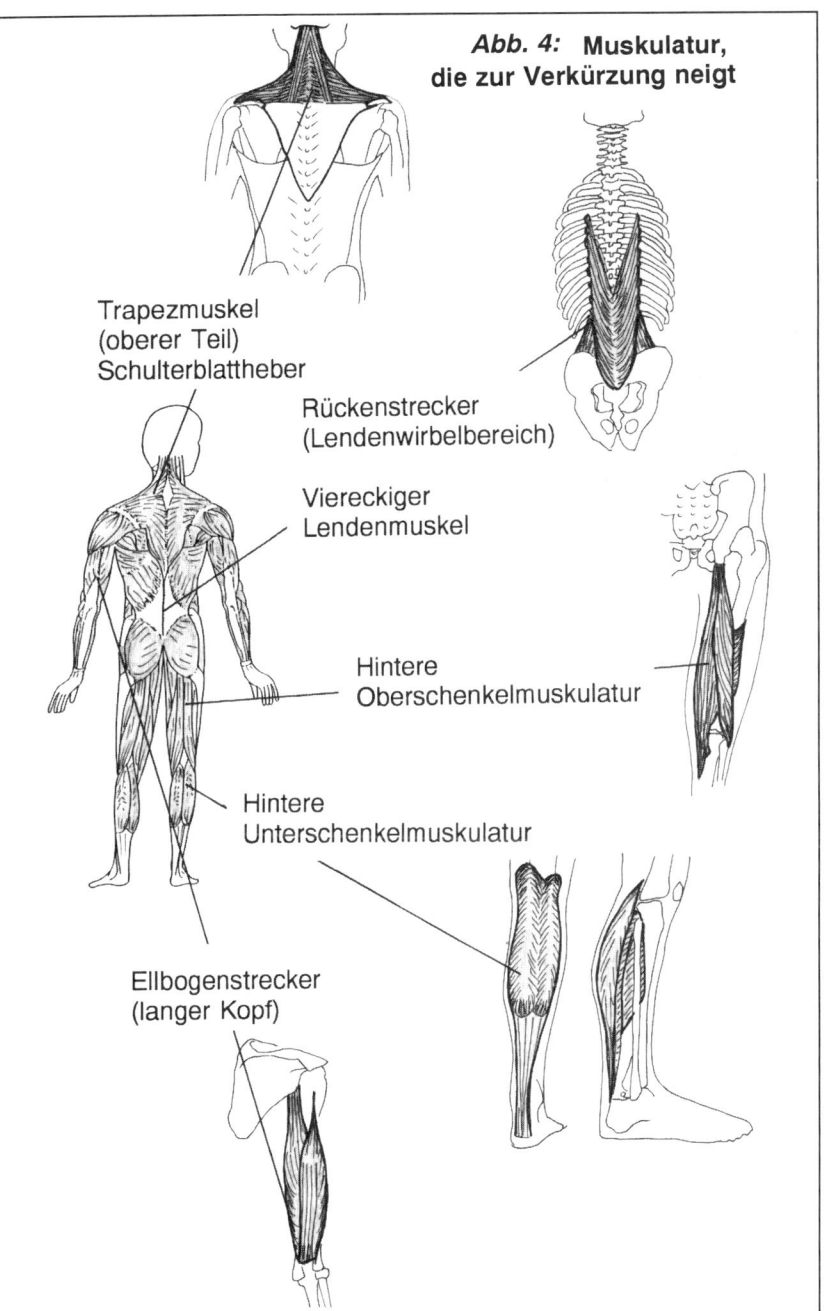

Abb. 4: Muskulatur, die zur Verkürzung neigt

Trapezmuskel
(oberer Teil)
Schulterblattheber

Rückenstrecker
(Lendenwirbelbereich)

Viereckiger
Lendenmuskel

Hintere
Oberschenkelmuskulatur

Hintere
Unterschenkelmuskulatur

Ellbogenstrecker
(langer Kopf)

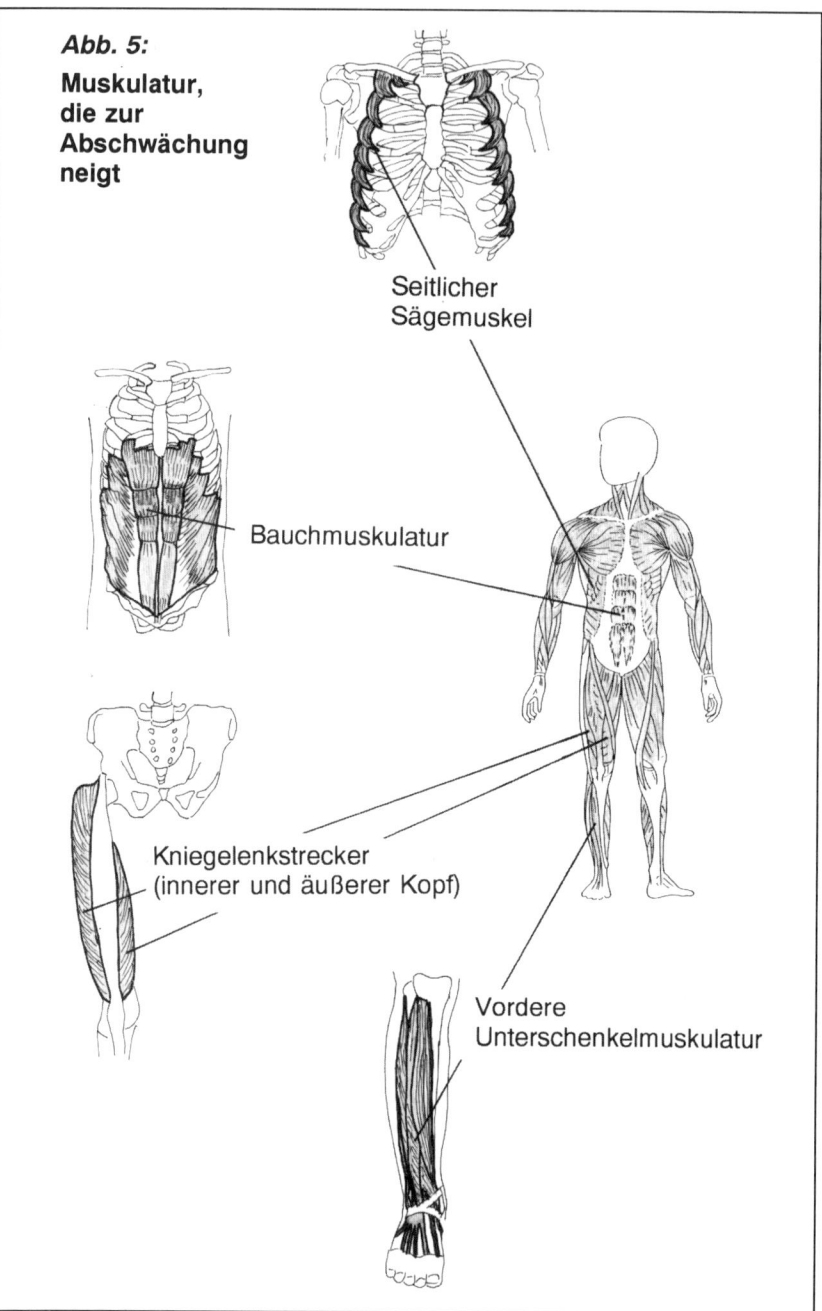

Abb. 5:

Muskulatur, die zur Abschwächung neigt

Seitlicher
Sägemuskel

Bauchmuskulatur

Kniegelenkstrecker
(innerer und äußerer Kopf)

Vordere
Unterschenkelmuskulatur

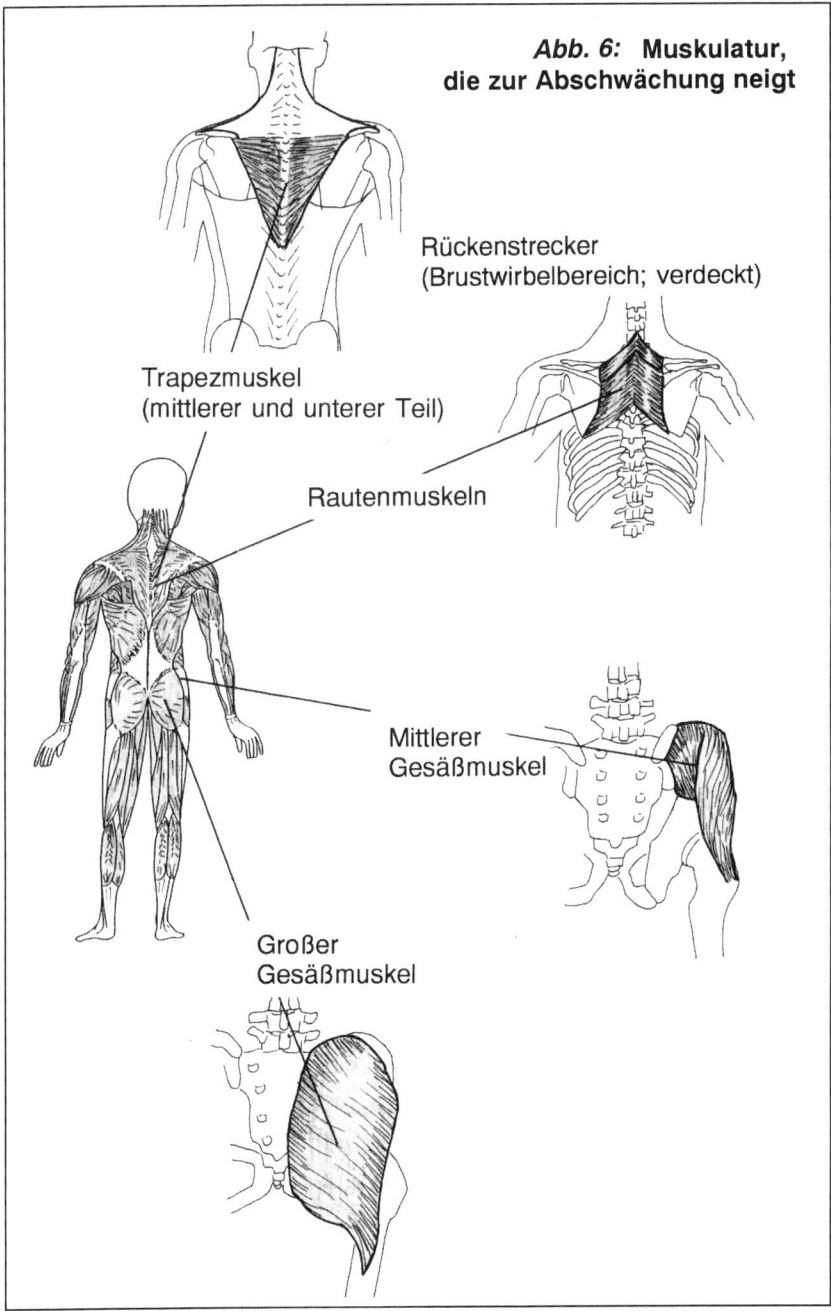

Abb. 6: Muskulatur, die zur Abschwächung neigt

Rückenstrecker
(Brustwirbelbereich; verdeckt)

Trapezmuskel
(mittlerer und unterer Teil)

Rautenmuskeln

Mittlerer
Gesäßmuskel

Großer
Gesäßmuskel

dem insbesondere der Unterforderung der Muskulatur des Rumpfes begegnet werden muß, damit Fehlentwicklungen vermieden werden.

Praxis der Rückenschule aus anatomischer Sicht

Die anatomischen und funktionalen Grundlagen stecken den Rahmen ab für die Ausgestaltung von praktischen Programmen für die Rückenschule. Konkret geht es um Bewegungsformen, bei denen schwerpunktmäßig die rumpfstabilisierende und die rumpfaufrichtende Muskulatur angesprochen werden (Abb.7). Dazu sind in den letzten Jahren eine Vielzahl von Programmen vorgestellt worden, in deren Mittelpunkt ausgeklügelte Übungen zur Kräftigung der phasischen und solche zur Beweglichmachung der tonischen Muskulatur stehen. Gemeinsames Kennzeichen dieser Programme ist, daß mit jeder einzelnen Übung in statischer oder auch in dynamischer Arbeitsweise isoliert ein ganz bestimmter Muskelbereich angesprochen wird. Ihr Charakter wird durch die Funktion, nicht durch die Motivation bestimmt.

Es bedarf keiner großen Erklärungen, um deutlich zu machen, daß solche in der Regel für Erwachsene konzipierten Programme erst für ältere Jugendliche größere Bedeutung haben können. Für Kinder sind sie nicht geeignet oder nur dann, wenn es gelingt, sie kindgemäß zu verpacken (vgl. SCHMALER/SCHUSTER 1994). Wer Programme für Kinder erstellt, muß das Funktionale mit dem Motivationalen verbinden, die Kraftbeanspruchung mit der Herausforderung.

Man braucht aber auch nicht lange zu suchen, um solche Herausforderungen zu finden. Das freie Turnen z.B. ist geradezu eine Fundgrube für rumpfkräftigende Übungen. Beim Klettern, Hangeln und Hängen, Stützeln und Stützen, Schwingen und auch beim Balancieren kommt es genau zu den Reizsetzungen, die für rückengerechte Beanspruchungen wichtig sind. Dabei werden die einzelnen Muskeln natürlich nicht isoliert angesprochen, sondern sind in Art der "Muskelschlingen" (vgl. TITTEL) immer im Verbund mit anderen mit beugenden, streckenden, bremsenden und fixierenden Anteilen in eine Gesamtbewegung integriert. Bei der Auswahl der Übungen muß lediglich darauf geachtet werden, daß die entsprechende Muskulatur schwerpunktmäßig an den Bewegungsausführungen beteiligt ist und daß ihre Beanspruchung in kindgerechtem Rahmen geschieht. Solche Übungen bieten ganz natürlich den entsprechenden Erfolg.

Muskelschlingen, an denen der Rumpf schwerpunktmäßig beteiligt ist, beanspruchen zunächst alle Formen des Hängens und Stützens, bei

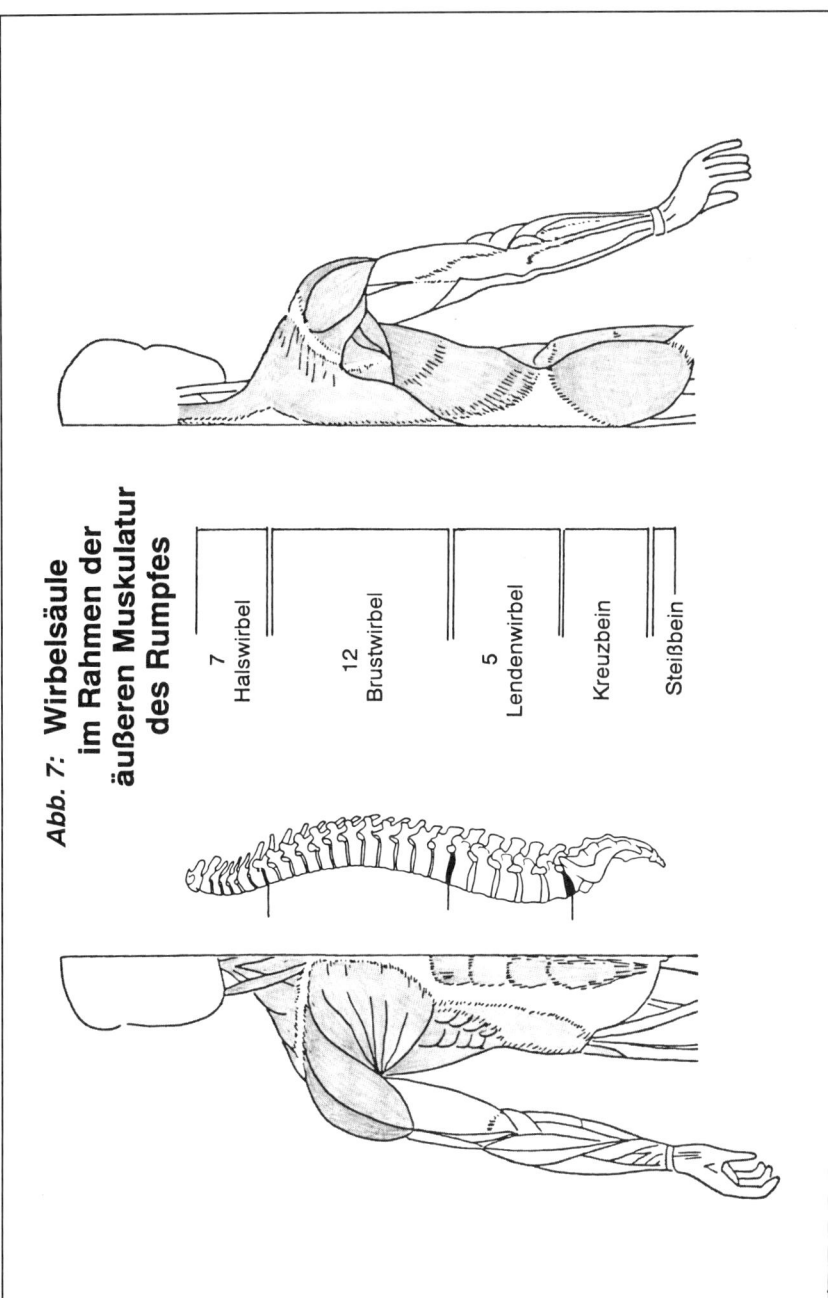

Abb. 7: **Wirbelsäule im Rahmen der äußeren Muskulatur des Rumpfes**

7 Halswirbel

12 Brustwirbel

5 Lendenwirbel

Kreuzbein

Steißbein

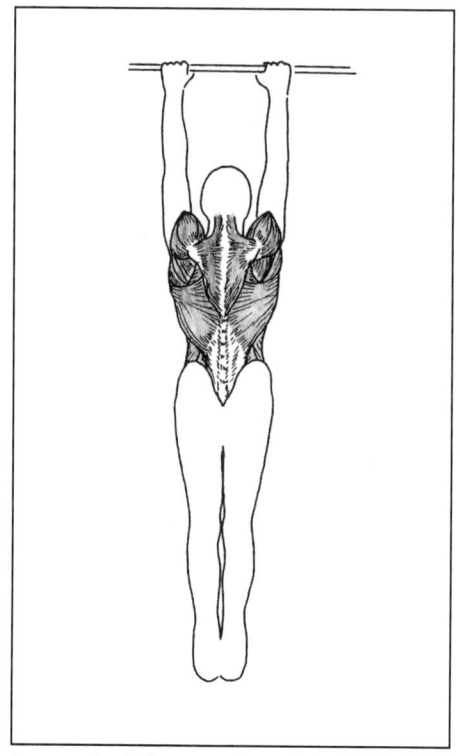

Abb.8:
**Muskuläre
Beanspruchung
beim
Hängen**

denen der Körper seinen festen Stand auf dem Boden verlassen hat und eine Fixierung des Körpers gegen die Schwerkraft mit den oberen Extremitäten erfolgt.

Beim Hängen am Tau, an der Kletterstange oder am Reck müssen die Arm-, Schulter- und Rumpfmuskulatur gegen den am Griff der Hände ansetzenden Zug arbeiten (Abb.8,9). Dabei wird der Körper insbesondere von einer großen Muskelschlinge bestehend aus der großen Brustmuskulatur und dem breiten Rückenmuskel gehalten, die eine Art "muskuläre Schürze" (TITTEL, 390) bilden. Werden dabei zusätzlich die Beine nach vorne gehoben, übernimmt die Bauchmuskulatur die Stabilisierung des Beckens und beim weiteren Anheben der Beine das Einrollen des Oberkörpers (Abb.10).

Ähnliche Beanspruchungen haben wir beim Hangeln und Klettern, allerdings mit Erleichterungen wegen der bei den dynamischen Ausführungsweisen wechselnden Muskelgruppen. Da Teile der arbeitenden Muskelschlingen immer wieder eine Erholung haben, sind diese besonders

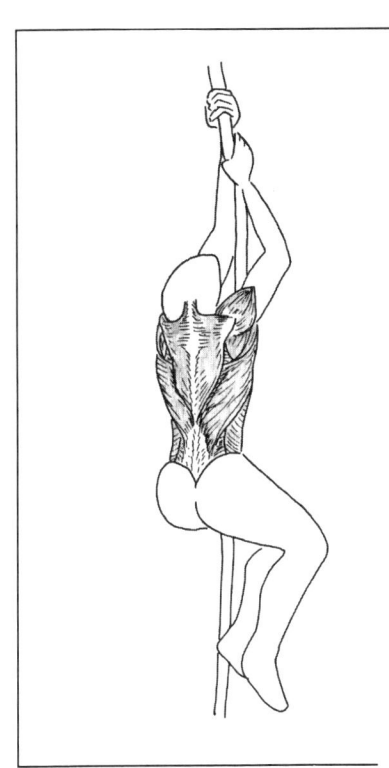

Abb.9:
Muskuläre
Beanspruchung
beim
Hängen am Tau

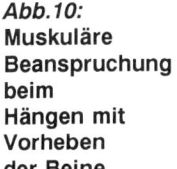

Abb.10:
Muskuläre
Beanspruchung
beim
Hängen mit
Vorheben
der Beine

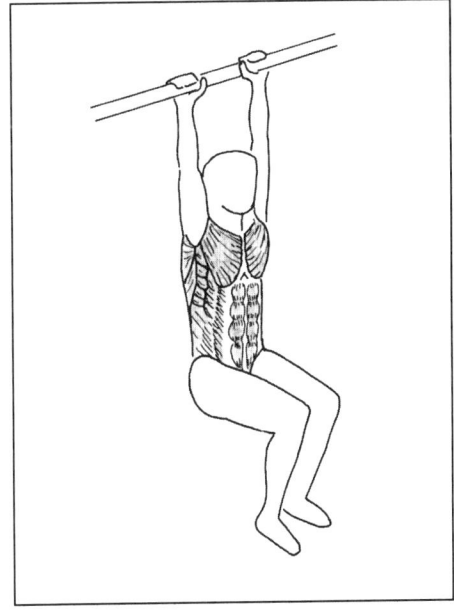

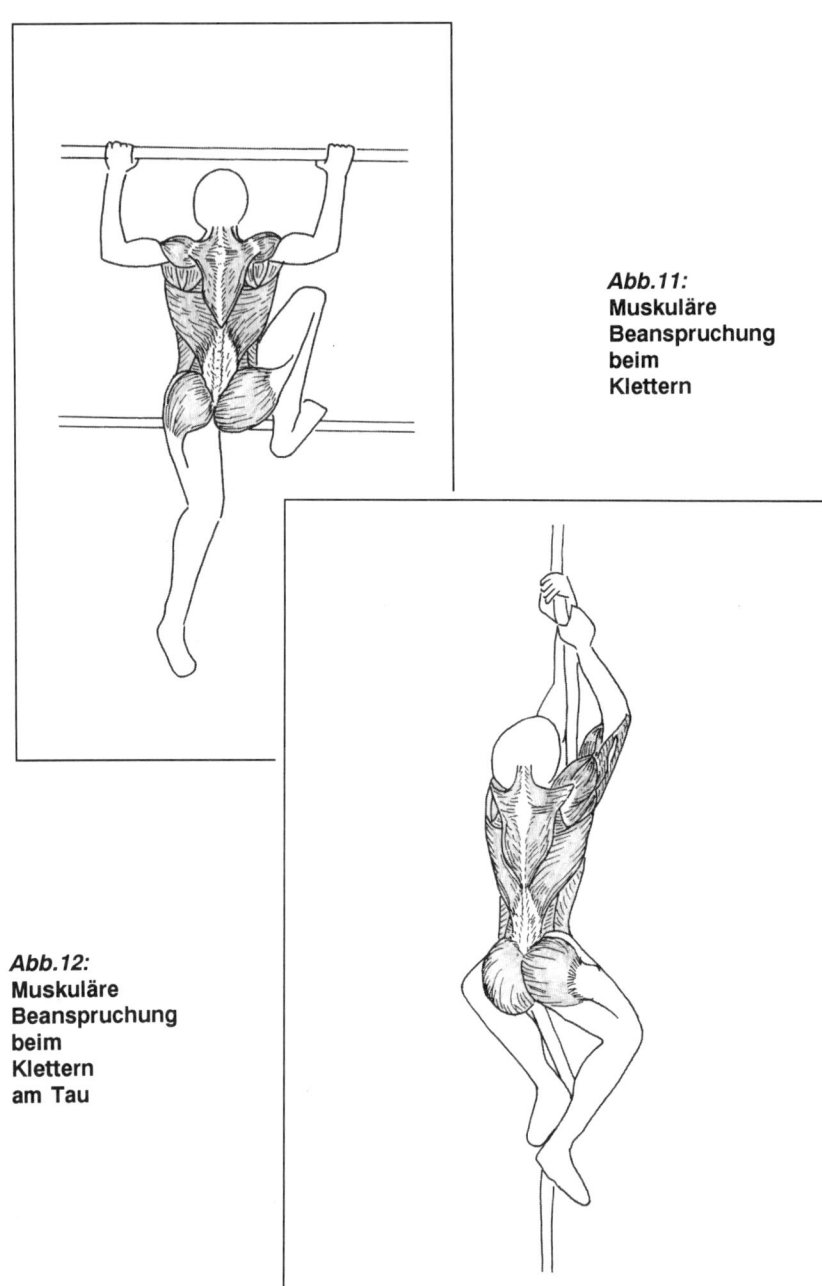

Abb.11:
Muskuläre
Beanspruchung
beim
Klettern

Abb.12:
Muskuläre
Beanspruchung
beim
Klettern
am Tau

kindgemäß. Beim Hangeln werden die beteiligten Muskelgruppen wechselseitig eingesetzt. Beim Klettern geschieht die Belastung im Wechsel von Schulter- und Hüftarbeit. Mit muskulärem Einsatz von Arm-, Schulter- und Rumpfmuskulatur wird der Körper zum Griff nach oben gezogen und dann nach Aufsetzen der Füße auf der Sprosse oder Fixieren der Füße am Seil vor allem mit Unterstützung der Gesäßmuskulatur in die neue Position hochgestemmt (Abb.11,12).

Beim Stützen arbeiten Schulter- und Rumpfmuskulatur gegen den an der Schulter ansetzenden Zug des Körpers. Bei allen Stützübungen müssen die inneren, der Wirbelsäule zugewandten Ränder der Schulterblätter zu den Dornfortsätzen gezogen werden, damit der Körper nicht zwischen den Armen durchsackt. Diese Arbeit leisten die Rautenmuskeln, die vom horizontalen und absteigenden Teil des Trapezmuskels und vom vorderen Sägemuskel unterstützt werden. Bei der Fixierung des Schulterblattes arbeiten Rautenmuskeln und Sägemuskeln wie Spieler und Ge-

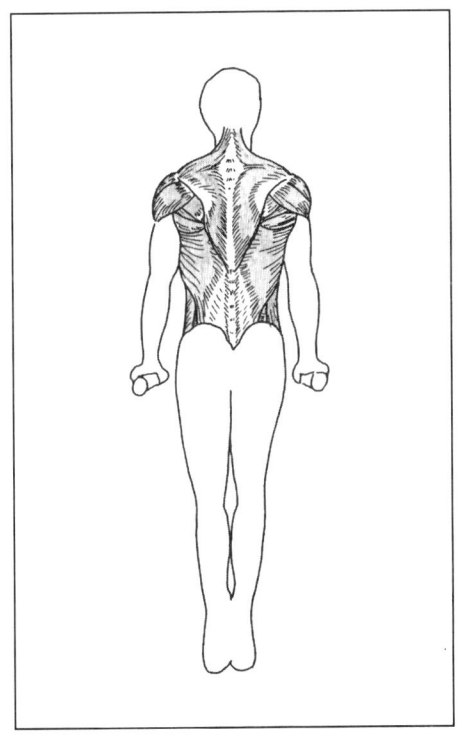

Abb.13:
Muskuläre
Beanspruchung
beim Stützen

genspieler zusammen. Ergänzt wird die Fixation des Schultergürtels durch kräftige Verspannungen der oberflächlichen Rumpfmuskulatur, des großen Brustmuskels und des breiten Rückenmuskels, die sich bei ihrer Arbeit unter der Haut deutlich abzeichnen (Abb.13).

Bei mangelnder Kraftfähigkeit ist die Gefahr des Durchsackens bei zeitlich ausgegedehntem Stützen groß. Aus diesem Grunde ist bei Stützübungen auch entsprechende Vorsicht geboten und insbesondere das Schwingen am Barren für Kinder kein geeignetes Angebot. Alle die Übungen jedoch, die ein nur kurzzeitiges Verweilen im Stütz verlangen (unterbrochene Schwungformen, rhythmisches Aufstützen) sind mit einer angemessenen Reizsetzung verbunden.

Eine besondere Stützübung ist der Handstand (Abb.14), und auch bei diesem ist das Zusammenspiel von Rautenmuskeln und Sägemuskeln von entscheidender Bedeutung. Beim Handstand wird das Schulterblatt als ganzes zum Becken hin gedrückt, so daß es seitlich aus dem breiten Rückenmuskel hervorsieht. Rautenmuskeln und vordere Sägemuskeln

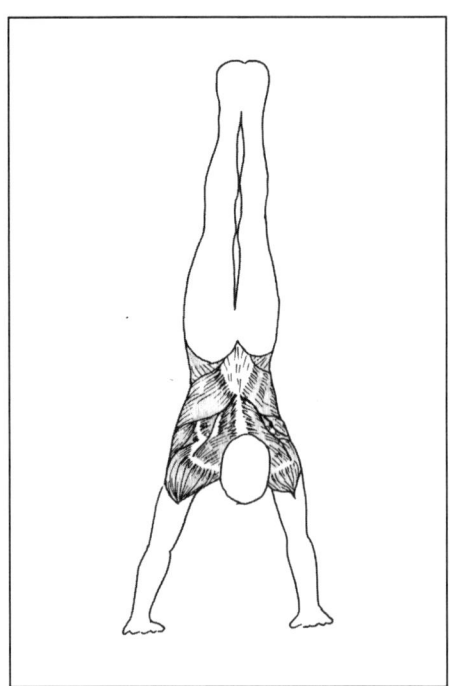

Abb.14:
Muskuläre
Beanspruchung
beim
Handstand

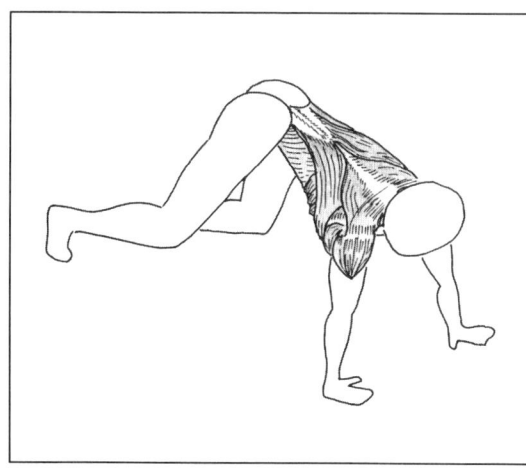

Abb.15:
Muskuläre
Beanspruchung
beim
Vierfüßlergang

werden dabei so angespannt, daß sie in spitzem Winkel aufeinanderzu zeigen. In dieser Position und mit Unterstützung der äußeren schrägen Bauchmuskulatur halten sie den Körper wie ein "breiter, mächtiger Muskelgurt" (TITTEL, 377).

Bis zum Handstand ist es ein weiter Weg. Aber ist gibt eine Reihe von

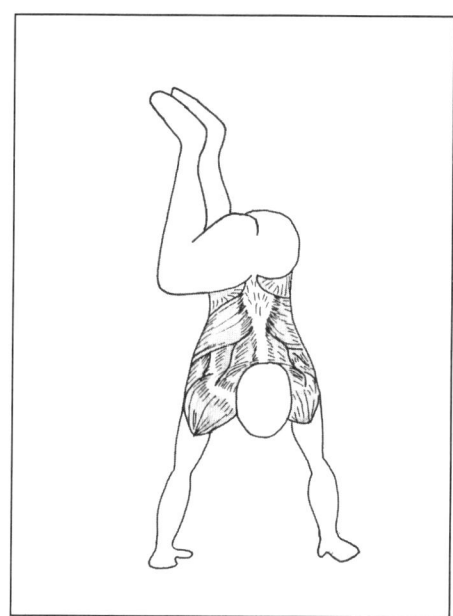

Abb.16:
Muskuläre
Beanspruchung
beim
Hockwenden

vorbereitenden Formen, bei denen auch die "Kiste" höher gehalten wird
als die Schultern und die Muskulatur in ähnlicher Weise beansprucht
wird. Das beginnt schon mit den Kriechübungen im Vierfüßlergang, die
mit Hilfe von Großgeräten wie z.B. Bank oder Bankgasse sehr vielseitig
gestaltet werden können (Abb.15). Deutliche Verwandtschaft innerhalb
der Muskelbeanspruchungen sind dann bei der Hockwende und ähnlichen Anforderungen zu finden (Abb.16).

Ein besonderer Platz innerhalb des Bewegungsangebotes für eine Rükkenschule kommt auch den Gleichgewichtsübungen zu. Labile Gleichgewichtszustände führen zu einer erhöhten Anspannung des gesamten
Halteapparates. Beim Balancieren z.B. kommt bei den ausgleichenden
Seitbewegungen des Körpers, deren Muskelschlingen vom Rumpf bis zu
den Füßen reichen, sowohl der Bauchmuskulatur als auch der Rückenmuskulatur zentrale Bedeutung zu. Auf der Rumpfvorderseite sind es
schwerpunktmäßig die schrägen Bauchmuskeln, und auf der Rumpfrück-
seite ist es die autochthone Rückenmuskulatur (Abb.17).

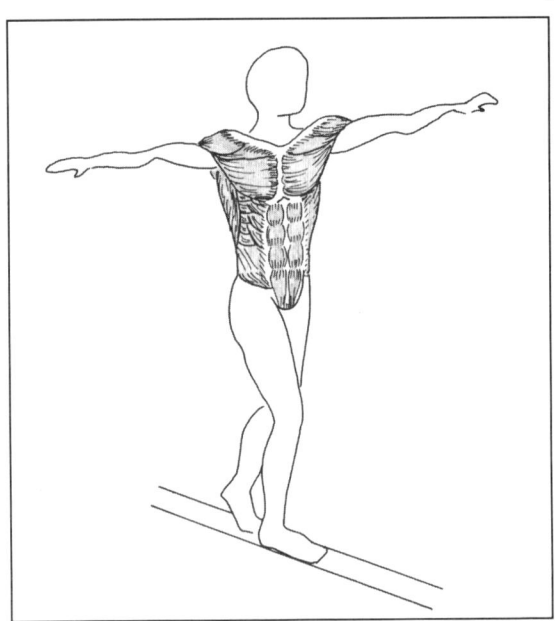

Abb.17:
**Muskuläre
Beanspruchung
beim
Balancieren**

Beim Balancieren ist reflektorisch auch die Muskulatur des Fußbereiches
mit einbezogen. Sie hat für den Rücken eine nicht unwesentliche Bedeutung. Denn der Haltungsaufbau beginnt bei den Füßen, Probleme in

diesem Bereich setzen sich über Knie und Hüfte nach oben hin durch. Für den von uns bevorzugten muskulären Zugang der Rückenschule ist insbesondere die muskuläre Verspannung der Fußgewölbe von Bedeutung. Diese kann durch Hüpfübungen entscheidend verbessert werden, mit denen die Rückenschule sogar einen gewissen leichtathletischen Zuschnitt bekommt.

Anders als bei den bisher dargestellten Ganzkörperübungen, bei denen die relevante Muskulatur zwar schwerpunktmäßig, aber nur im Verbund mit anderen (Muskelschlingen) angesprochen wird, sind die Übungen der besonderen Rückenschulprogramme so ausgedacht, daß bestimmte Muskelbereiche möglichst isoliert beansprucht werden. Für die Kräftigung des Rumpfes gibt es wenige Basisübungen, die in der Praxis in vielfältiger Weise variiert werden können.

Da die Bauchmuskulatur auf der Vorderseite des Rumpfes fast immer im Verbund mit dem Hüftbeuger arbeitet, die beiden Muskelbereiche bei der Stabilisierung des Rumpfes aber antagonistische Funktion haben, wird die Bauchmuskulatur nur dann relativ isoliert angesprochen, wenn es gelingt, eine stärkere Spannung des Hüftbeugers zu vermeiden. Das gelingt bei Sit-ups und Klappmesserübungen überhaupt nicht, und das ist der entscheidende Grund, warum diese Übungen für die Rückenschule nicht taugen. Die Basisübung für die Bauchmuskulatur ist das Aufrollen des Oberkörpers in der Rückenlage (Abb.18). Rückenlage und angewinkelte Beine sorgen dafür, daß die Spannung des Hüftbeugers in der Len-

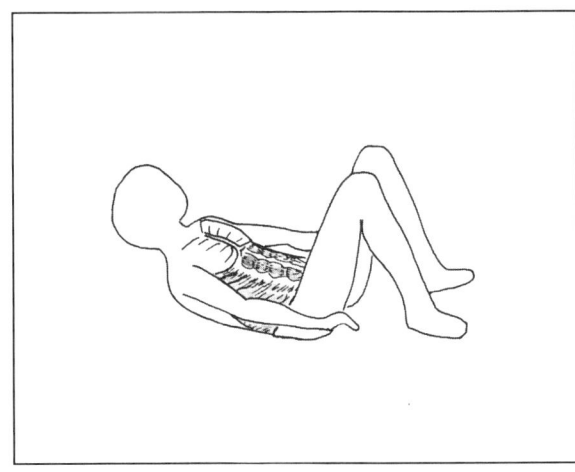

Abb.18:
Kräftigung
der
Bauchmuskulatur

denwirbelsäule verringert und ein starker Muskelzug zur Lendenlordose vermieden wird. Die Spannung des Hüftbeugers ist auch bei allen den Übungen vermindert, bei denen die Beine im Hang nach vorne geführt werden. Die Bauchmuskulatur übernimmt dabei die Aufgabe der Stabilisierung der Hüfte gegen die Beinbewegung.

Der große Gesäßmuskel wird bei allen Übungen gestärkt, bei denen in die Hüftstreckung gearbeitet wird. Basisübung ist das Aufstrecken der

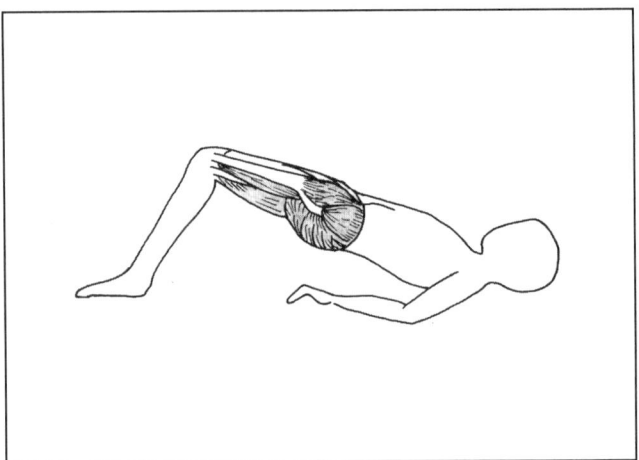

Abb.19:
Kräftigung
der
Gesäß-
muskulatur
und der
hinteren
Oberschenkel-
muskulatur

Hüfte aus der Rückenlage mit angewinkelten Beinen in die Nackenbrücke (Abb.19). Dabei arbeitet die Gesäßmuskulatur im Verbund mit der hinteren Oberschenkelmuskulatur, deren oberer Anteil wie die Gesäßmuskula-

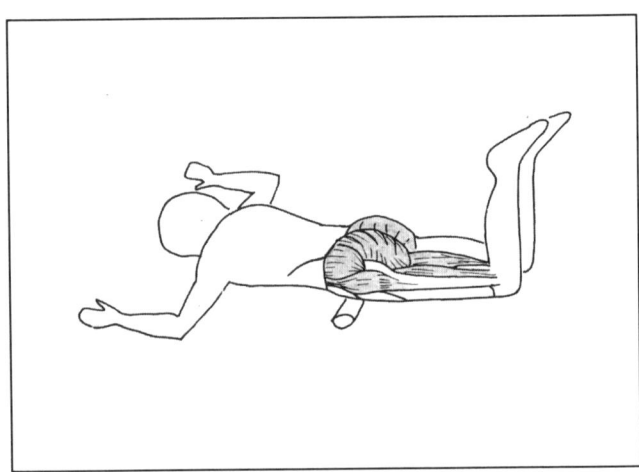

Abb.20:
Kräftigung
der
Gesäß-
muskulatur

tur zur Abschwächung neigt. Wenn in der Bauchlage geübt werden soll, bedarf es einiger Hilfsmittel. Dafür reicht eine kleine Handtuchrolle, die man sich so unter die Hüfte legt, daß die Oberschenkel nach hinten angehoben werden können (Abb.20). Dabei werden die Beine in den Knien gebeugt gehalten. Mit Hilfe von Geräten (Bank, kleiner Kasten, Stuhl) kann die Übung so gestaltet werden, daß aus der Bauchlage mit Hüftknick in die Hüftstreckung gearbeitet wird. Bei dieser Übung arbeitet der Gesäßmuskel schwerpunktmäßig im Verbund mit dem Rückenstrekker im Lendenwirbelbereich (Abb.21).

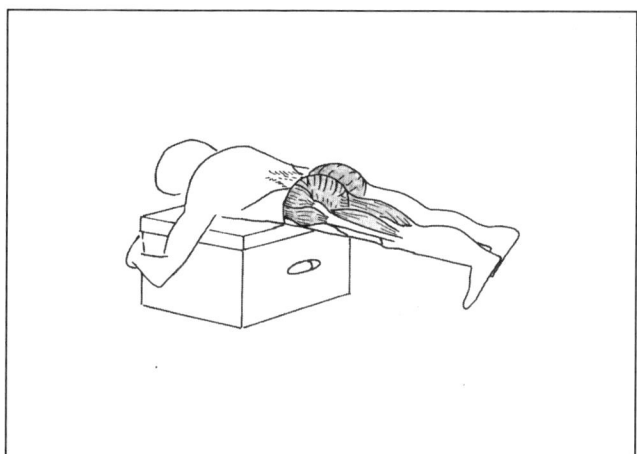

Abb.21: Kräftigung der Gesäßmuskulatur und des Rückenstreckers

Der kleine Gesäßmuskel, der im Hüftbereich neben der Stabilisierung die Aufgabe des Abspreizens erfüllt, wird durch Übungen gekräftigt, bei

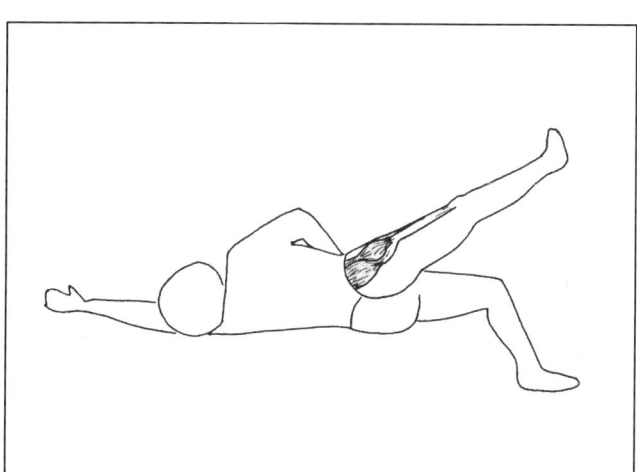

Abb.22: Kräftigung der seitlichen Hüftmuskulatur

denen eben dieses Abspreizen verlangt wird. Da der Muskel relativ schwach ist, ist häufig schon das Abspreizen des gestreckten Beines in der Seitlage eine angemessene Kraftbelastung (Abb.22). Übungen im seitlichen Liegestütz sind deutliche Steigerungsformen (Abb.23).

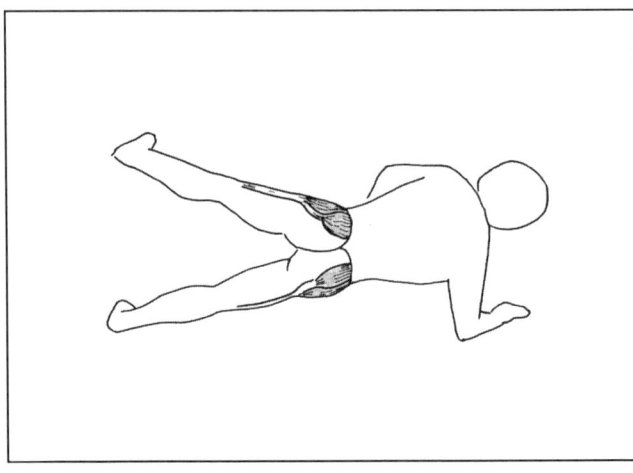

Abb.23
Kräftigung
der
seitlichen
Hüft-
muskulatur

Die Schultermuskulatur und der obere Teil der Rumpfmuskulatur wird mit allen Übungen gekräftigt, bei denen die Arme gegen den Rumpf nach hinten gehoben werden. Basisübung ist das "orthopädische U". Beim Üben in der Bauchlage gelingt es, ein Ausweichen des Oberkörpers zu verhindern. Der Kopf wird dabei in Verlängerung der Wirbelsäule unten gehalten, um einen Muskelzug im Nackenbereich zu verhindern (Abb.24).

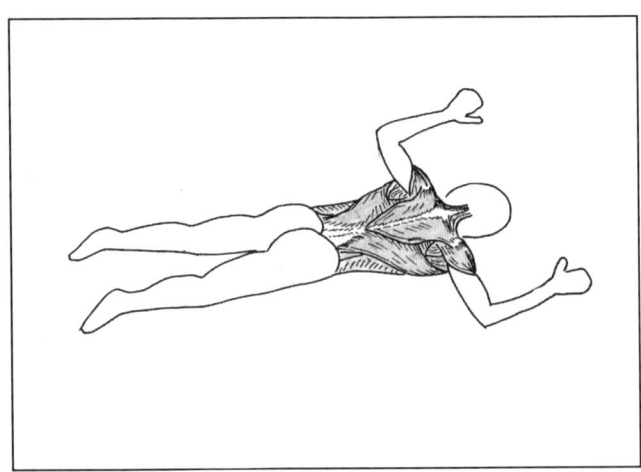

Abb.24
Kräftigung
der
Schulter-
muskulatur

Praxis der Rückenschule im Schulsport

Mit vorsorgenden, ergänzenden und zukunftsorientierten Maßnahmen ist die Rückenschule eine die gesamte Schulzeit begleitende Maßnahme. Sie hat in jeder Klassenstufe eine wichtige Aufgabe zu erfüllen, wobei sich die Akzente allmählich verschieben. In der Grundschule und auch in den ersten Klassenstufen der weiterführenden Schulen liegt der Schwerpunkt zunächst auf der Haltungsschule mit dem Ziel, die körperliche Entwicklung mit den entsprechenden Kraftreizen zu unterstützen. Im Zuge der Beschäftigung mit den Sportarten hat die Rückenschule dann vor allem ergänzenden Charakter. Die meisten Schulsportarten haben mit der gewünschten Reizsetzung nichts zu tun oder laufen dieser sogar entgegen. Wenn Volleyball, Basketball oder Badminton gespielt wird, ist zwar ein stabiler Rumpf gefordert, weil er Widerlager für die vielen schnellkräftigen Extremitätenbewegungen sein muß, er wird jedoch bei der Ausübung dieser Sportarten nicht auch schon gefördert. Hier muß die Aufmerksamkeit des Unterrichtenden vor allem darauf gerichtet sein, mit ergänzenden Angeboten den notwendigen Ausgleich zu schaffen. Die Frage, wie ohne großen Aufwand mit Bällen, Schlägern, Seilen, Stäben, Kartons und anderen in den Sportarten verwendeten Materialien entsprechende Reizsetzungen erreicht werden können, bedürfen der exakten Vorbereitung und mancher kreativen Lösung. Ältere Schülerinnen und Schüler begreifen die Notwendigkeit dieser Maßnahmen, wenn man im Zusammenhang mit der Praxis auch das Hintergrundwissen vermittelt. Sie werden damit nicht nur in die Lage versetzt, solche Programme selbst zu erstellen und mit den Mitschülern durchzuführen, sondern werden auch mit dem für ein gesundheitsgerechtes Sporttreiben über die Schulzeit hinaus notwendigem Wissen versehen. Der Praxis-Theorie-Bezug des Sportunterrichts kann durch entsprechend vorbereitete Arbeitskarten sinnvoll unterstützt werden.

Damit ergibt sich für die Darstellung der Praxis ganz grob eine Vierteilung. Im ersten Teil geht es um Angebote des freien Turnens, bei denen schwerpunktmäßig die in jeder Halle vorhandenen Großgeräte zum Einsatz kommen. Im zweiten Teil werden Beispiele dafür vorgestellt, wie man mit Kleingeräten für die notwendige Reizsetzung sorgen kann. Der dritte Teil macht Vorschläge für attraktive Programmgestaltungen mit Rückenschulübungen, und im letzten Teil schließlich geht es um den Praxis-Theorie-Bezug mit der Frage nach der Vermittlung eines Handlungswissens als Rüstzeug für ein Sporttreiben über die Schulzeit hinaus.

Rückenschule durch freies Turnen

Die Zunahme der Haltungsprobleme bei Kindern und Jugendlichen und der Rückgang des Turnens im Angebot des Schulsports stehen in einem deutlichen Widerspruch zueinander. Denn gerade das freie Turnen ist eine Fundgrube für rumpfstabilisierende Übungen. So ist auch überhaupt nicht zu begreifen, wieso Lehrplanmacher sich gegen das Turnen aussprechen und auch Turnverbände sich kaum noch um ihre ureigene Aufgabe der Förderung des Turnens kümmern. Mit all dem, was heute an Gesundheitsprogrammen und groß aufgemachten Gesundheitskongressen hinterhergeschoben wird, ist nicht im mindesten das auszugleichen, was durch eine fehlende turnerische Reizsetzung im Kindesalter versäumt worden ist. Wer Kindern den Spielplatz zum Klettern, Hangeln, Hängen, Schwingen und Balancieren verwehrt, behindert ihre körperliche Entwicklung; und was in diesem Alter versäumt worden ist, kann später auch durch noch so ausgeklügelte Programme nicht nachgeholt werden.

Natürlich geht es dabei nicht um das zu recht in die Kritik geratene Kunstturnen im Schulsport. Das Turnen hat sich inzwischen, wie andere Sportarten auch, weiterentwickelt. Es sind die Angebote des freien Turnens, die hier eine unschätzbare Bedeutung haben. Denn die mit seinen Übungen verbundenen Beanspruchungen bieten ganz natürlich den entsprechenden Erfolg. Es soll und kann hier selbstverständlich nicht unsere Aufgabe sein, das große Bewegungsangebot des freien Turnens darzustellen. Das ist an anderer Stelle sehr umfangreich geschehen (siehe BRUCKMANN u.a. und GUSEK u.a.). Das Thema ist andererseits zu wichtig, als daß es, wie es in vielen Büchern zur Rückenschule geschieht, mit ein oder zwei Sätzen schon abgehandelt wäre. Weil man vielleicht hier eine Rückenschule gar nicht vermutet, liegt uns sehr daran, die wichtigsten Akzente noch einmal herauszustellen und hier und dort auch einige Ergänzungen anzufügen.

Klettergärten bauen

Die großen Turngeräte, wie sie in fast allen Sporthallen vorhanden sind, bieten ausgezeichnete Möglichkeiten für den Bau von Klettergärten, in denen zum Klettern, Hangeln, Hängen, Stützeln, Stützen und Balancieren herausgefordert wird. Ihre Bewältigung ist ganz natürlich mit den Belastungen verbunden, die für eine kindgemäße Reizsetzung zur Mobilisierung und Kräftigung des Rumpfes von Bedeutung sind. Sie bieten darüber hinaus Gelegenheit für selbständiges Arbeiten und risikoreiches Erproben der eigenen Leistungsfähigkeit.

Wo eine Gitterleiter zur Verfügung steht, braucht es keiner weiteren
Aufbauten. Bei ihrer Bewältigung, ob beim Hochklettern oder beim Durch-
schlängeln durch die Sprossen, sind die Kraftanstrengungen mit Erlebnis

und auch mit kalkulierbarem Risiko verbunden. Mit einem hochgestellten
Weichboden gestalten wir eine "Kletterwand". Sie soll mit Tauen bewältigt
werden, die ganz oben angebunden sind.

Einfaches Klettergerät ist auch jede Sprossenwand. Wenn darüber hinaus Taue an die obersten Sprossen angebunden werden, werden die Kinder zu "Bergsteigern". Die Belastung des Rumpfes ist mit dem Griff am Tau ungleich größer.

Wenn die Sprossenwände von der Wand abgeklappt werden können, lassen sich mit ihrer Hilfe die unterschiedlichsten Kletterwege gestalten. Ein vorgestellter Weichboden bildet eine richtige "Kletterwand", und mit eingehängten Bänken werden schmale Stege gebaut, die auf allen vieren oder mit Balancieren bewältigt werden müssen.

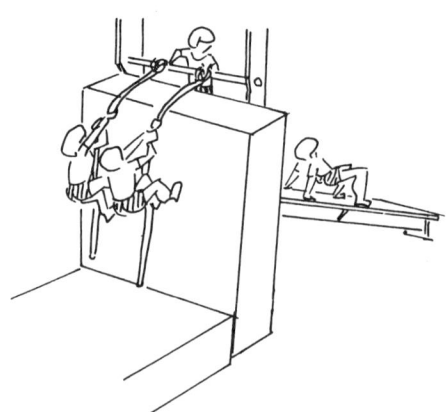

Mit zwischen je zwei Sprossenwänden gespannten Tauen entsteht ein sehr wackeliger Kletterweg, deren Bewältigung eine besondere Herausforderung bedeutet.

Abgesehen von solchen großen Aufbauten bieten die Sprossenwände ausgezeichnete Möglichkeiten, schon mit wenigen Hilfsmitteln anregende Kletteraufgaben zu gestalten. Besonders geeignet sind dafür Bänke, die in jeder Halle in ausreichender Anzahl zur Verfügung stehen. Schräg eingehängt, mit der Sitzfläche oder auch mit der Standfläche nach oben, ergeben sich Aufbauten für reizvolle Aufgaben mit einer besonderen Beanspruchung der Rumpfmuskulatur.

Wenn die in den meisten Hallen vorhandenen und fest installierten Taue genutzt werden sollen, müssen die anderen Geräte so aufgestellt wer-

den, daß die Taue in den Aufbau integriert werden. Große Geräte, wie z.b. Kästen, neben den Tauen sind "Berge", auf die hinaufgeklettert werden oder von denen, nachdem der Berg bestiegen worden ist, wieder hinunter geklettert werden kann.

Besonders geeignete Basisgeräte für den Bau von Klettergärten unterschiedlichster Art sind die großen Turngeräte Reck, Barren und großer

Kasten. Barren und große Kästen sind beweglich und deshalb an jeder Stelle der Halle einsetzbar. Lediglich wenn das Reck als Basisgerät genutzt werden soll, ist die Position des Aufbaus festgelegt.

Schon durch einfaches Einhängen von Bänken wird aus jedem Reck ein

Klettergerät. Bei von Reck zu Reck gesteigerter Stangenhöhe steigen auch die Bänke in immer steilere Höhen. Parallel eingestellte zweite Bänke bilden Bankgassen, mit denen dann wieder ganz andere Auf-

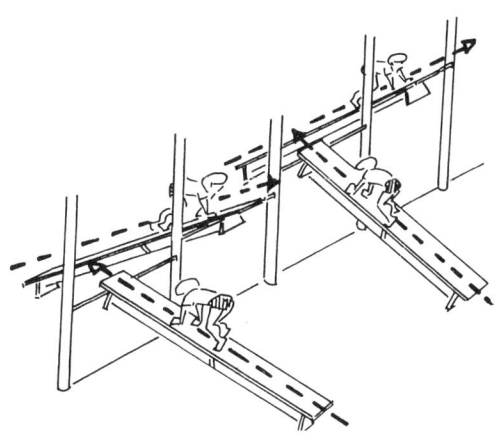

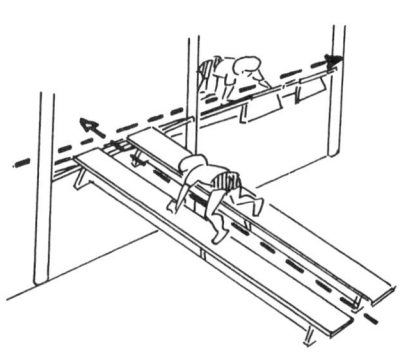

gabenstellungen möglich sind. In solchen kleinen Variationen liegt oft die Chance, die Motivation für diese wichtige Aufgabenstellung lange zu erhalten.

Mit den großen beweglichen Geräten können Klettergärten an jeder Stelle der Halle aufgebaut werden. Als Basisgeräte eignen sich Barren und große Kästen. Vollendet werden die Aufbauten dann mit relativ wenig Aufwand wieder durch das Einhängen von Bänken, die schräg hinauf oder schräg hinab oder in der Höhe in ganz unterschiedlicher Weise als Balancier- und Klettterstege genutzt werden können.

Die im Vergleich zu allen anderen Geräten großen Barren haben den Vorteil, daß sie selbst ausgezeichnete Klettergeräte sind. Zwischen einer

Bank am Anfang und einer Bank am Ende liegt noch eine volle Barrenlänge, die in ganz unterschiedlicher Weise bewältigt werden kann.

Der Abstand zwischen den beiden Holmen erlaubt es, die Bänke so
einzuhängen, daß der Weg auf den "Berg" hinauf auch geradeaus wieder
hinab geführt werden kann. Das kann mit dem schmalen Banksteg und
auch mit Bankgassen eingerichtet werden.

Mit dem Barren sind richtige Kletter-"Gestaltungen" möglich, bei denen es
auch zu Begegnungen kommt. Im ersten Beispiel heißt die Aufgaben-

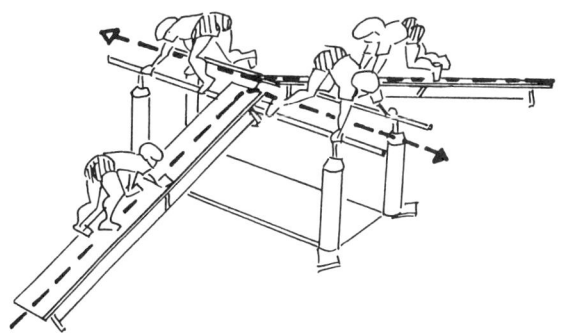

stellung, nach dem Hochklettern immer nach links abzubiegen, beim zweiten Beispiel kreuzen sich die beiden Kletterwege.

Richtig große Aufbauten ergeben sich, wenn mehrere Barren mit Bank-

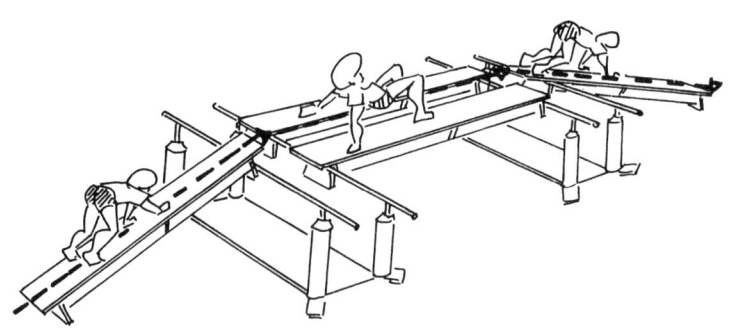

stegen miteinander verbunden werden. Mehrere Bänke nacheinander in der Höhe zu überwinden, ist schon eine ganz schön anstrengende Aufgabe.

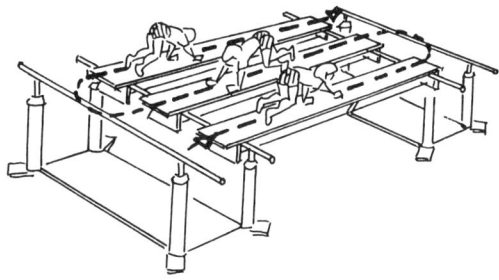

Gute Möglichkeiten für den Bau von Klettergärten bietet auch der große Kasten. Am einfachsten ist es wieder, wenn es mit Hilfe einer Bank schräg hinauf und dann wieder hinunter geht. Zu einer Kastengasse gesellt sich andererseits auch schnell eine Bankgasse, mit deren Hilfe

auch sehr kreativ gearbeitet werden kann. Oder es geht von einem Kasten zum anderen. Die schrägliegende Bank stellt dabei ganz andere Anforderungen als die mit der Sitzfläche nach oben, und die Bankgasse aus zwei parallelen Bänken erweitert die möglichen Aufgabenstellungen.

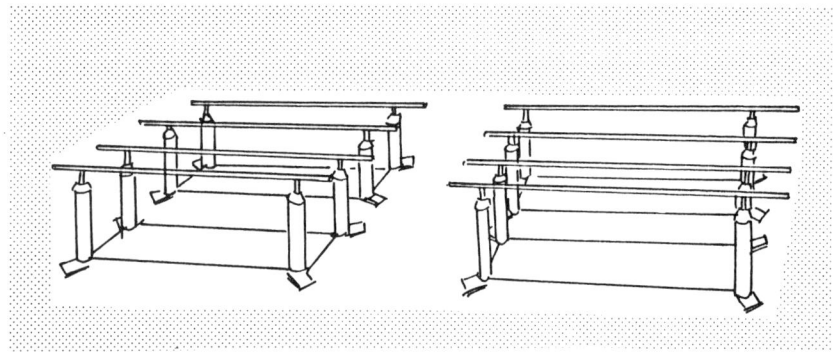

Vielfältig sind die Gestaltungsmöglichkeiten auch dann schon, wenn man nur die Barren benutzt. Diese können zu zweit, zu dritt oder auch zu viert in Gruppen zusammengestellt werden. Dadurch wird die Anzahl der Gassen vermehrt, so daß sich lange und verschlungene Kletterwege ergeben.

Die Barren können auf einem langen Weg in Längsrichtung oder kürzer und risikoreicher in Querrichtung überwunden werden. In Querrichtung

geht es auch in der Weise, daß der Übende immer abwechselnd über einen Holm rüberklettert und unter dem nächsten durchsteigt. Reizvoll ist auch das Hangeln, bei dem der Übende sich wie ein "Baumtier" von Holm zu Holm vorwärtsarbeitet, und das möglichst ohne Bodenberührung.

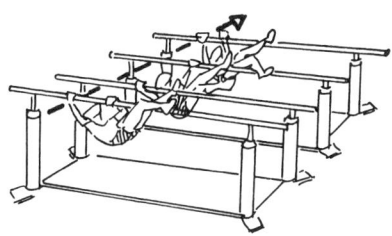

Alle Aufgaben werden schwieriger, wenn die Barren hochgestellt werden, aber es ergeben sich auch neue Möglichkeiten wie z.B. das Hangeln von Holmen zu Holmen im Langhang, ohne dabei mit den Füßen den Boden zu berühren.

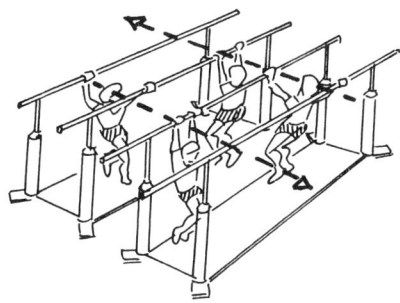

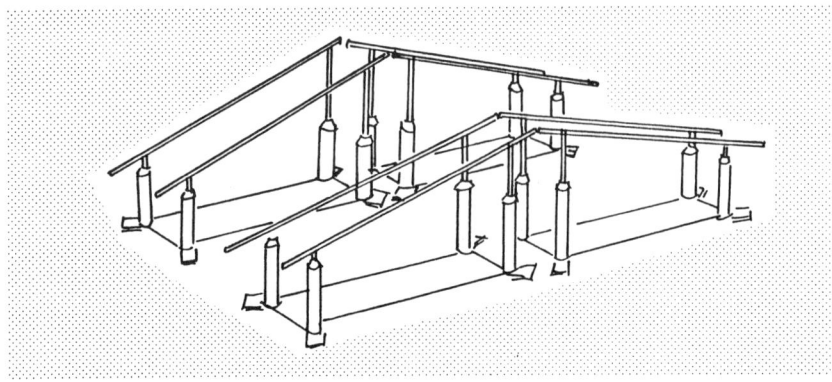

In große Höhen geht die Kletterpartie auch, wenn die Barren nur an einer Seite hochgestellt werden. Die Geräte können von oben und auch von

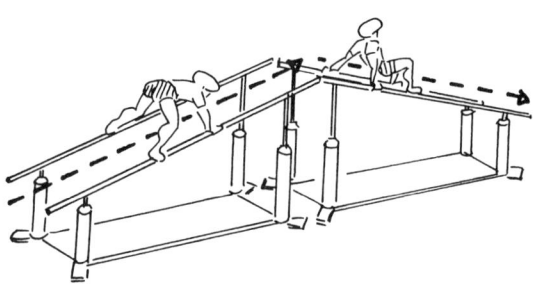

unten bewältigt werden. Interessant sind insbesondere die vielfältigen Möglichkeiten des Hangelns auf den "Berg" hinauf und wieder hinunter.

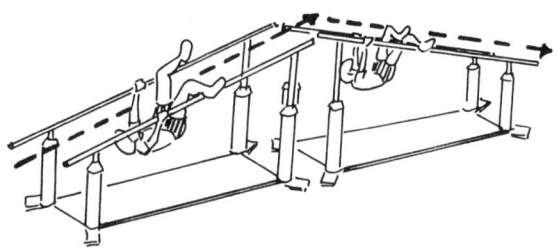

Kletterstangen und Taue nutzen

Kletterstangen und Taue bieten ausgezeichnete Möglichkeiten, die Kinder von den Beinen zu holen und sie an der Tragschlinge von Schulter- und Rumpfmuskulatur aufzuhängen. Das Hochklettern an den Stangen und Tauen und das Schwingen wie Tarzan macht den meisten Kindern Spaß, ist mit besonderem Erlebnis und dem Gefühl von Risiko verbunden. Regelmäßige Reizsetzungen stellen deshalb keine motivationalen Probleme. Eine Stärkung der Rumpfmuskulatur stellt sich dabei ganz von allein ein.

Die Motivation bleibt vor allem dann erhalten, wenn man das Thema vielfältig variiert. Das "Mal sehen, ob ich das schaffe?" oder auch mal etwas ganz anderes probieren sind geeignete Herausforderungen. Wenn Kletterstangen vorhanden sind, heißt die Aufgabe zunächst, so weit, wie jeder es schafft, nach oben zu klettern. Dabei werden die Hände und die Füße im Wechsel und letztere mit besonderer Klemmtechnik eingesetzt. Der abwechselnde Muskeleinsatz sorgt für die nötige Entspannung bei wechselnder Beanspruchung von Schulter- und Gesäßmuskulatur. Am Tau ist das Klettern wegen des beweglichen Gerätes etwas schwieriger, aber nicht minder herausfordernd. Um die Hände vor Verbrennungen zu schützen, ist bei allen Kletterübungen darauf zu achten, daß auf dem Rückweg nicht einfach heruntergerutscht, sondern auch wieder Hand um Hand nach unten geklettert wird.

Die in der Regel parallel zueinander angeordneten Kletterstangen gestatten eine Reihe von Variationen. So kann man an einer Stange hochklettern und an der nächsten wieder hinunter. Das gleiche ist auch an zwei Tauen möglich.

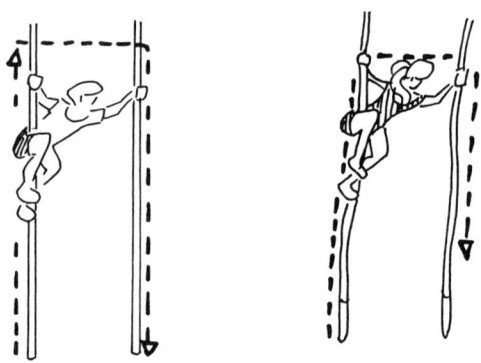

Richtig anstrengend wird die Aufgabe, wenn wir nach jedem Höhengewinn von Stange zu Stange wechseln, so daß das gesamte Klettergerüst z.B. von links unten nach rechts oben bewältigt wird. An den Tauen ist diese Aufgabenstellung ganz besonders schwierig.

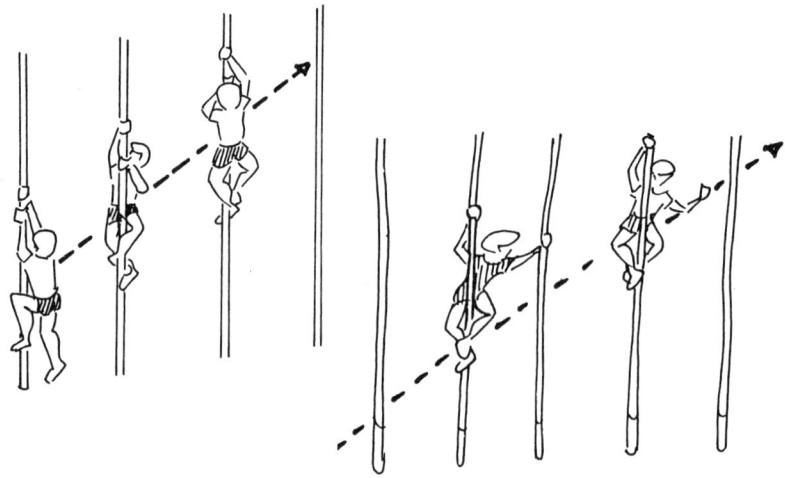

Hinauf kommt man auch unter Verwendung von zwei Stangen, am einfachsten unter wechselseitigem Einsatz von Händen und Füßen. Herausfordernd ist die Aufgabe, das ganz ohne Unterstützung der Füße zu schaffen. Letzteres ist auch an zwei Tauen eine reizvolle Aufgabe.

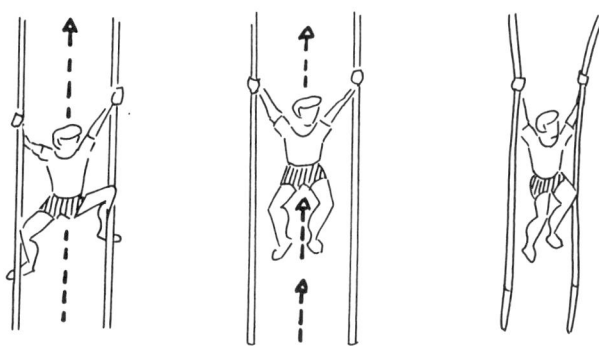

Das Tau ist aber besonders zum Schwingen geeignet. Es reicht das Festhalten und sich tragen lassen, um die notwendigen Muskelreize zu erzeugen. Das erfordert ein wenig Mut und Zutrauen, was langsam aufgebaut werden muß. Am Anfang steht deshalb die Aufgabe, mit dem Griff am Seil vorzulaufen und dann zurückzuschwingen. Je nach Voraus-

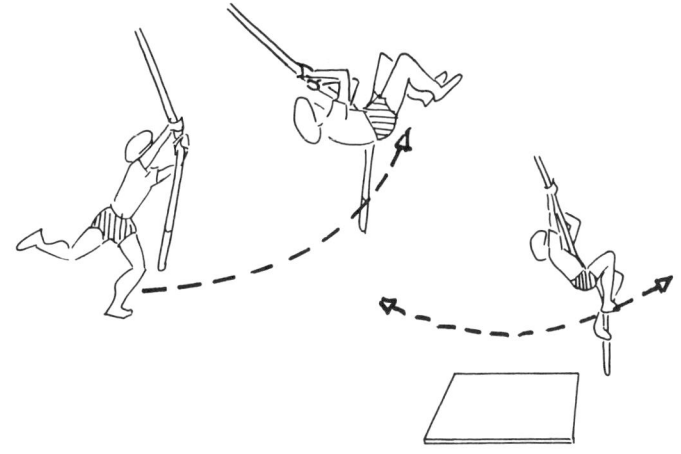

setzungen geschieht das in ganz unterschiedlicher Weise. Eine Variation ist das Schwingen mit zwei Tauen.

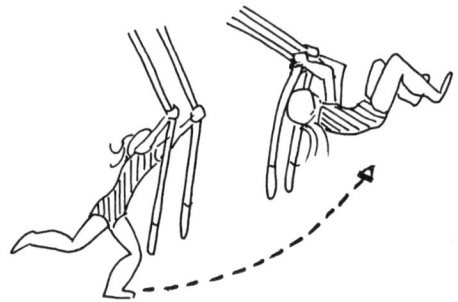

Bei den nächsten Aufgaben wird ein Graben überwunden. Dieser kann zunächst nur ganz flach mit zwei Matten kenntlich gemacht werden. Wer hinübergeschwungen ist, schwingt das Tau zum nächsten Übenden zurück oder schwingt auch selbst wieder zurück.

Interessanter wird es, wenn Start- und Landeseite noch erhöht werden. Das geschieht zunächst vorsichtig durch zwei Bänke. Der Übende schwingt hin und wieder zurück oder nur zur sicheren Landung auf die

andere Bank. Ein richtiges Vergnügen bereitet das Schwingen auf einen Weichboden, in den man ruhig einmal hineinplumpsen kann.

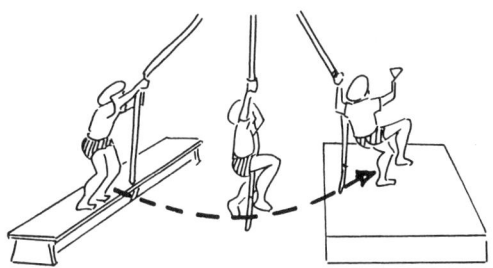

Mit Hilfe von Kästen können Start- und Landeplatz allmählich so weit erhöht werden, daß über eine "tiefe Schlucht" geschwungen wird. Wir beschränken uns hier auf das eine Beispiel. Sehr viele Anregungen sind an anderer Stelle zusammengestellt worden, weil diese Aufgaben auch zur Vorbereitung des Stabspringens von großer Bedeutung sind (vgl. KATZENBOGNER/MEDLER 1992). Wer von jungen Leichtathleten einen Mehrkampf mit Stabspringen verlangt, hat damit auch für die Rückenschule Sorge getragen.

Gelegenheit zum Balancieren geben

Beim Balancieren gelingt es, die gesamte Haltemuskulatur anzuspannen. Bei den labilen Gleichgewichtszuständen wird ihr Einsatz reflektorisch geregelt. Wichtiges Hilfsmittel für die meisten Balancierübungen ist die Langbank. Wenn man sie umdreht, erhält man einen langen schmalen Steg, dessen Bewältigung nur mit der nötigen Konzentration gelingt. Die

Bank wird vorwärts, rückwärts und auch seitwärts bewältigt. Interessant ist es auch zu zweit oder in größeren Gruppen mit Handfassung.

Den schmalen Steg auf allen vieren zu bewältigen, bedeutet eine deutliche Steigerung im Schwierigkeitsgrad.

Parallel zueinander stehende Bänke können von mehreren Kindern gleichzeitig bewältigt werden. Am einfachsten ist es, wenn zwei sich die Hand geben und die Bänke vorwärtsgehend bewältigen. Schwieriger wird

es, wenn einer vorwärts und der andere rückwärts geht, noch schwieriger, wenn beide rückwärts gehen.

Je mehr Bänke nebeneinander angeordnet sind, desto größer sind auch die Gruppen, die gleichzeitig unterwegs sein können. Dabei fängt man am besten wieder so an, daß alle vorwärts gehen. Wenn bei Dreiergruppen der mittlere oder bei größeren Gruppen jeder zweite immer eine

andere Aufgabe bekommt, kann das Interesse der Kinder lange Zeit wach gehalten werden.

Mit Hilfe eines kleinen Kastens geht es dann schon ganz schön hoch hinauf oder auch auf der anderen Seite wieder hinunter. Auch diese Aufbauten können vorwärts, rückwärts, seitwärts und auch in Gruppen

bewältigt werden. Parallele Anlagen gestalten wieder eine besondere Gruppenarbeit.

Wenn beide Bankenden auf kleinen Kästen stehen, begeben die Kinder sich in "schwindelnde Höhen".

Die Gleichgewichtsfähigkeit wird dann besonders angesprochen, wenn auch der Untergrund, auf dem die Bänke stehen, noch relativ labil ist. Gute Möglichkeiten, so etwas einzurichten, bieten die Weichböden. Zwei umgedrehte Bänke, von denen die eine auf dem Hinweg, die andere auf dem Rückweg bewältigt wird, sind herausfordernde "Wackelstege".

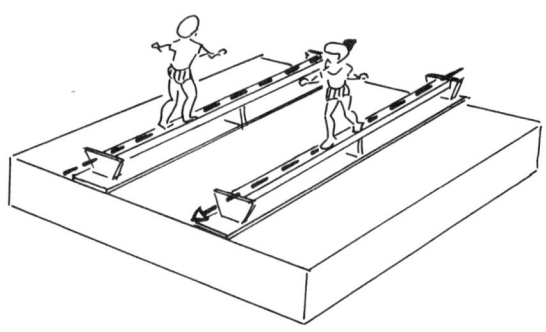

Ganz konzentriert müssen die Kinder balancieren, wenn sie sich nicht mehr allein, sondern zu zweit auf dem labilen Steg befinden.

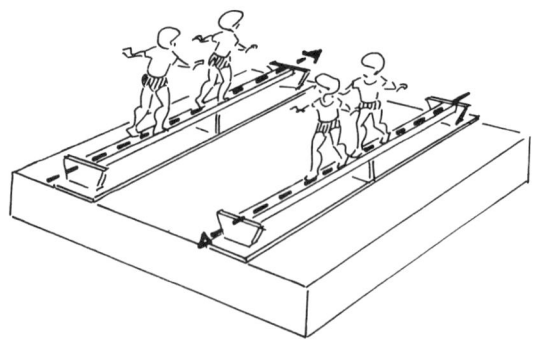

Richtig wackelig wird es auch, wenn der Rückweg direkt über den Weichboden erfolgt, so daß der Untergrund zusätzlich noch in leichte Bewegung versetzt wird. Das gilt auch für besondere Gestaltungen, wenn z.B.

je zwei nebeneinander Balancierende einen "Tunnel" bilden, durch den
dann der Rückweg erfolgt.

Da die Gleichgewichtsfähigkeit in vielen Sportarten eine angemessene Bedeutung hat, oftmals mehr, als man ihr zugesteht, lohnt es immer darüber nachzudenken, wie man ihre Entwicklung in den Ausbildungsgang integrieren kann. Für uns sind solche Aufgabenstellungen interessant, weil sie gleichzeitig auch Haltungsschulung sind.

Entsprechende Aufgaben ergeben sich bei der Verbindung von Prellen und Dribbeln und Balancieren. Als Balanciersteg ist wieder die Bank ein wertvolles Hilfsmittel. Die Übenden gehen über die Bank, während sie den Ball seitlich am Boden dribbeln.

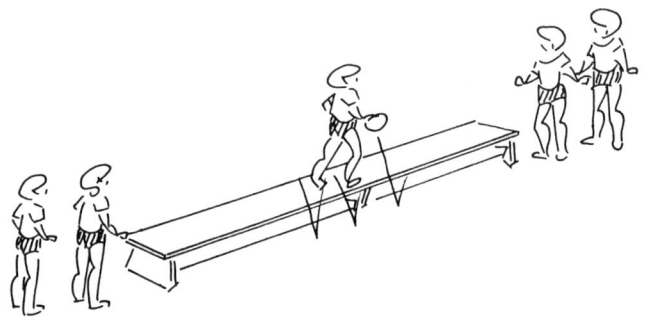

Mehrere Bänke parallel zueinander ergeben eine lange Slalomstrecke.

Dagegen kann der Dribbelweg frei gewählt werden, wenn die Bänke in beliebiger Richtung in den Raum gestellt werden. Eine interessante Variation ist das Üben in Gruppen, die geschlossen von Bank zu Bank wechseln.

Schwieriger werden die Aufgaben, wenn die Bänke umgedreht werden.

Wenn die Gruppe einen Ball hat, ist immer nur einer unterwegs, bei zwei Bällen ist die Intensität deutlich erhöht.

Vielseitig variiert werden kann auch die Aufgabenstellung. Die Übenden dribbeln mit rechts und mit links, vorwärts, rückwärts und auch seitwärts.

Sind jeweils Paare unterwegs und geben sie sich die Hand, muß der eine mit rechts und der andere mit links dribbeln, der eine den Ball ziehen und der andere ihn schieben.

Variationen sind auch durch unterschiedliche Organisationsrahmen möglich, z.B. durch den Aufbau der Bänke in verschiedenen Figuren. Stehen sie im Viereck, kann nach dem Erproben an der einzelnen Bank auch der große Dribbelweg angeboten werden.

Erschwert wird die Aufgabe durch schräge Balancierstege. Dabei geht es zunächst auf der breiten Sitzfläche hinauf, oder es geht hinauf und dann

auf der anderen Seite wieder hinunter.

Parallel zueinander aufgestellte Anlagen können so eingerichtet werden, daß eine lange "Berg-und-Tal-Bahn" entsteht.

Wenn die Bänke zusätzlich noch umgedreht werden, müssen die Übenden sich richtig konzentrieren. Besonders interessant ist auch hier das

Auf-und-Ab an einer langen Balancierstrecke.

Dribbeln und Balancieren können in ganz vielfältiger Weise miteinander verbunden werden, so daß das Thema auch in der Spielschulung immer wieder attraktiv gestaltet werden kann. Als Beispiele sei das paarweise Überwinden parallel zueinander stehender Bänke dargestellt, eine Auf-

gabe, die natürlich auch bergauf probiert werden kann. Vielfältige Möglichkeiten ergeben sich aber auch durch unterschiedlichste Aufbauten der

Bänke und ihrer Organisation im Raum.

Aufgebaute Großgeräte nutzen

Für die Schulung der meisten turnerischen Fertigkeiten werden große Geräte aufgebaut. Je nach Absicht und Stundenziel geschieht das zweckmäßig schon zu Beginn der Stunde in der Weise, daß für das Üben in Riegen mehrere Geräte nebeneinander stehen oder für variable Übungswege Kreise, Wellen und Ströme eingerichtet werden. Erst nach dem Aufbau wird dann die Aufwärmarbeit durchgeführt, die immer auch kräftigende Übungen umfaßt. Vorteil der Großgeräte ist, daß der Umgang mit ihnen ganz natürlich auch mit Kraftreizen für die Rumpfmuskulatur verbunden ist. Darüber hinaus lohnt es, über ganz besondere Übungsgestaltungen nachzudenken, weil gerade in diesen Unterrichtsphasen die Chance für regelmäßige Reizsetzungen im Sinne einer Haltungsschulung liegt.

Sinnvoll für die Aufwärmarbeit sind rhythmische Abläufe mit einem Wechsel von Anspannung und Entspannung. Solche Übungsabläufe können hervorragend mit Musik unterstützt werden, wodurch immer auch eine besondere Motivation entsteht.

Den folgenden Übungsbeispielen sind aus Gründen der Anschaulichkeit Darstellungen der Geräteaufbauten vorangestellt. Die Geräte sind so aufgestellt, wie sie im Hauptteil der Stunde benutzt werden sollen. Eventuell behindernde Kleingeräte sollten erst nach der Aufwärmarbeit eingestellt werden.

1. Aufgebaut sind mehrere große Kästen, die in einer Linie nebenein-

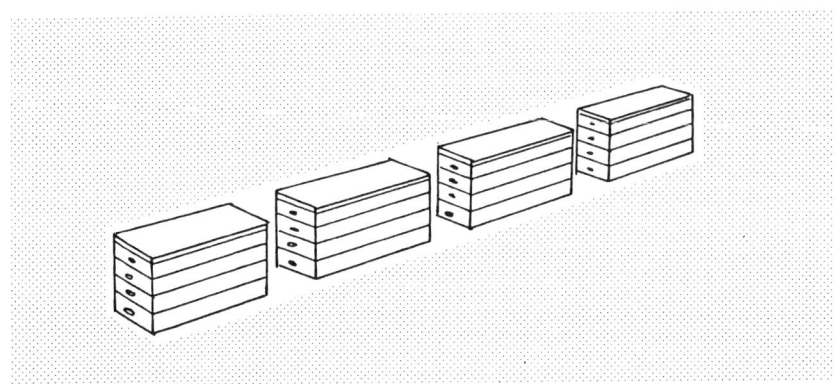

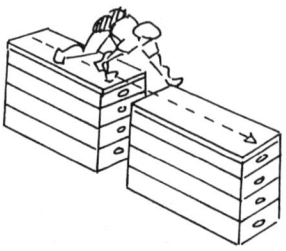

ander stehen. Wenn die Abstände zwischen ihnen nicht zu groß sind, können sie im Vierfüßlergang überkrabbelt werden. Bei größerem Abstand muß jeder Kasten dafür erst wieder bestiegen werden. Auf allen vieren, aber seitwärts, ist eine Variation dieser Fortbewegungsart wie auch das Überwinden aller Kästen im Krebsgang.

Die rumpfaufrichtende Muskulatur wird besonders beansprucht, wenn die Kästen hin und her überklettert werden. Das kann gruppenweise an je einem Kasten und auch von Kasten zu Kasten über den gesamten Kastenaufbau geschehen.

Kraftreize für die Stützmuskulatur werden mit rhythmischen Sprüngen in den flüchtigen Stütz erreicht. Mit Seitschritten wird damit die ganze Kastenreihe bewältigt. Variationen sind durch unterschiedliches "Bein-

spiel" möglich. Diese werden gestreckt, angehockt, gegrätscht und auch geschert.

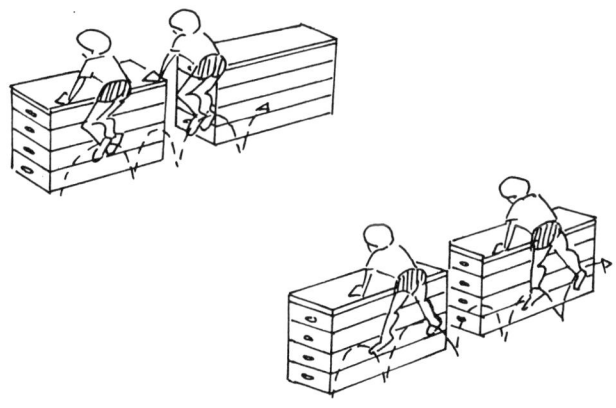

Andere Variationen ergeben sich, wenn die Gruppenmitglieder ihren Einsatz so abstimmen, daß alle Bewegungen gleichzeitig erfolgen, der nächste also genau in dem Augenblick mit seiner Aufgabe beginnt, wenn sein Vorgänger "gelandet" ist. Interessant ist auch der gleichzeitige Einsatz von je zwei Übenden, die sich auf verschiedenen Seiten des Ka-

stens gegenüberstehen und ihren Einsatz so aufeinander abstimmen, daß sie die Sprünge entweder synchron ausführen oder in der Weise, daß der eine immer dann unten ist, wenn der andere oben ist. Diese Aufgabenstellungen gelingen ganz besonders mit Musikunterstützung.

2. Die Kästen sind zu Kastengassen zusammengestellt.

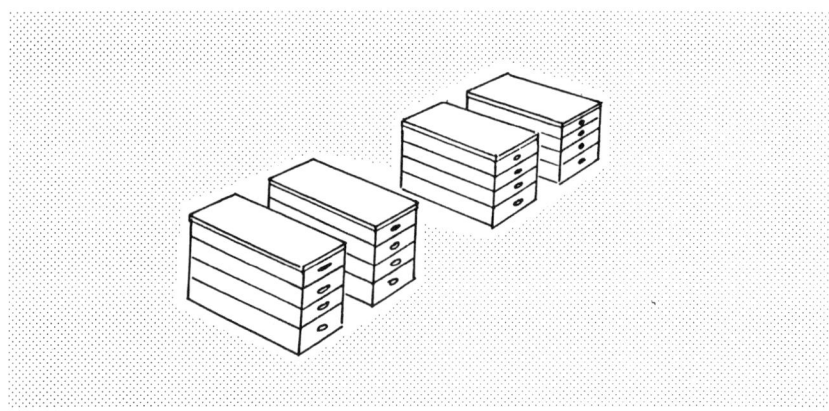

Ergänzend zu einigen schon dargestellten Übungen, die auch in diesem Aufbau möglich sind, bieten die Kastengassen neue Möglichkeiten. Dazu gehören alle Arten des Vierfüßlerganges, ob vorwärts, seitwärts oder

rückwärts ausgeführt, aber auch die Form des Wanderstützens, bei der die Länge der Kastengasse mit Sprüngen in den Stütz bewältigt wird. Auch diese Form kann durch unterschiedliches "Beinspiel" variiert werden. Die Beine werden gestreckt, angehockt, gespreizt, in Schrittstellung angehoben oder auch deutlich vorhochgehoben.

3. Vier Barren sind im Viereck aufgebaut.

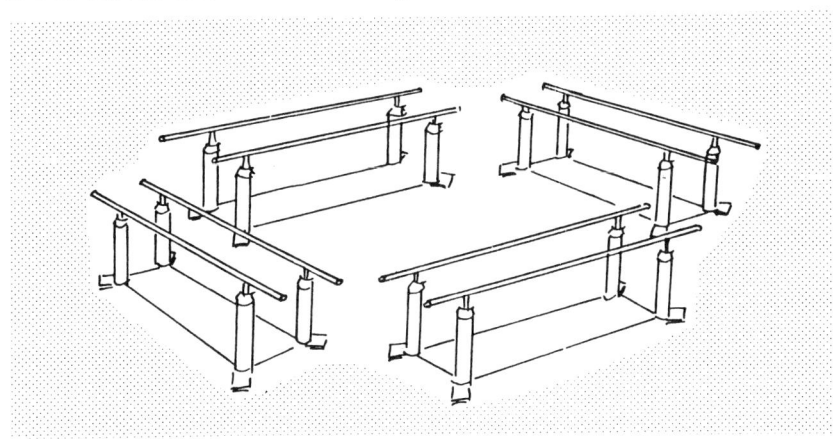

Der Barren ist mit den beiden festen, langen und höhenverstellbaren Holmen das vielseitigste Turngerät. An ihm kann geklettert, gestützt, gehangen und geschwungen werden, und auch als Fitneßgerät ist der Barren durchaus brauchbar. Wenn vier Barren im Viereck aufgestellt sind, ergeben sich eine Reihe unterschiedlicher Übungswege.

Die Übungswege der Gruppen kreuzen sich, wenn sie durch je zwei gegenüberliegende Barren bestimmt werden. Dabei können an den Barren ganz unterschiedliche Aufgaben gestellt oder auch selbst gestaltet werden, mit denen das große Hindernis überwunden werden kann. Das gelingt zum Beispiel mit einer Hockwende nach Hochstemmen auf den

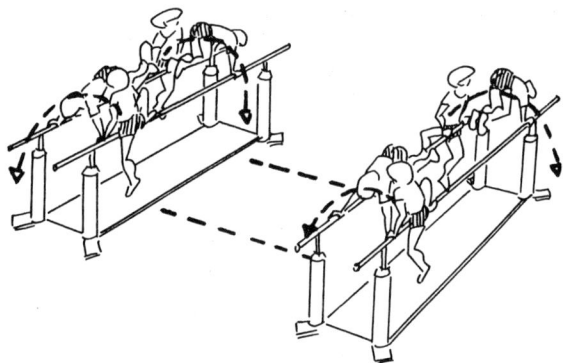

ersten Holm oder mit zwei Stützvorgängen, wenn der Übende jeweils nach Überwinden des ersten Holms in die Holmengasse hinabspringt.

In Längsrichtung ist jeder einzelne Barren ein ideales Übungsgerät für unterschiedlichste Übungen zur Mobilisierung und Kräftigung der Rumpfmuskulatur. Die Akzente werden geradezu spielerisch gesetzt, so z.B. bei allen Vierfüßlergängen, bei denen das Körpergewicht mit den Armen abgestütz wird. Die Länge des Barrens wird auf allen vieren vorwärts,

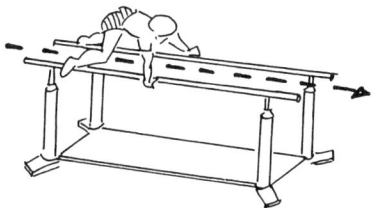

rückwärts und auch seitwärts bewältigt. Rückwärts und seitwärts sind eine Reihe von Haltemuskeln aktiv, weil das Gleichgewichthalten dabei eine wichtige Rolle spielt.

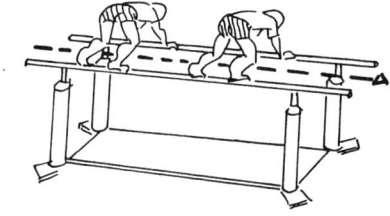

Im Krebsgang mit den Beinen vorweg liegt das Gewicht deutlicher auf den Armen.

Anstrengend ist der "Seelöwengang", bei dem unter alleiniger Arbeit der Arme der Körper und die gestreckten Beine hinterhergezogen werden. Die Aufgabe heißt, den Körper ganz gestreckt zu halten und nicht in die Holmengasse durchsacken zu lassen.

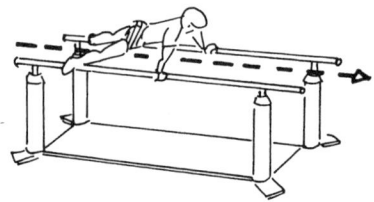

Variationen ergeben sich, wenn auf dem Weg zum anderen Barrenende noch besondere Aufgaben gestellt werden. Ein Beispiel ist die ganze Drehung auf allen Vieren in der Mitte des Barrens.

Da jeder Barren in der Höhe leicht verstellbar ist, können alle dargestellten Formen auch bergauf oder bergab durchgeführt werden. Für eine ausführliche Darstellung wird auf die Literatur zum Turnen verwiesen.

Vielfältig sind auch die Möglichkeiten des Hängens und Hangelns, für die jeder Barren so lange Wegstrecken zur Verfügung stellt wie kein anderes Gerät.

Bei der ersten Aufgabe werden beide Holme gebraucht. Mit Griff der
Hände an einem Holm und Einhängen der Beine am anderen wird die

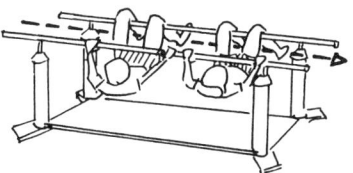

Strecke zurückgelegt. Schwieriger ist es, wenn nur noch die Füße gegen
den Holm gestellt werden. Richtig aufgehängt ist der Übende auch im

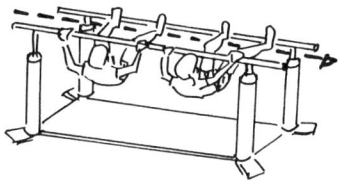

Hangstand, wenn die Beine unter dem gegenüberliegenden Holm stehen.
In der Seitwärtsbewegung wird so die ganze Barrenlänge gemeistert.

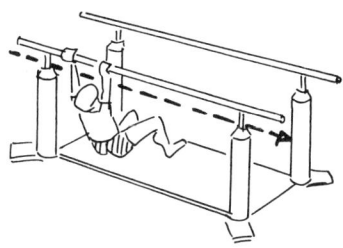

Jetzt werden beide Holme ergriffen und das eine Bein links, das andere
rechts eingehängt. So geht es mit den Beinen voran vorwärts. Eine

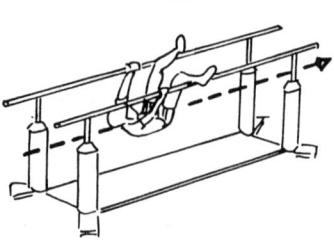

ähnliche Aufgabe ergibt sich, wenn nur ein Holm benutzt wird.

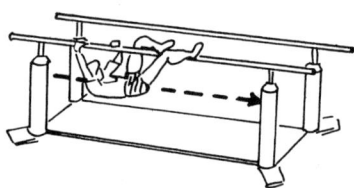

Wenn der Barren hochgestellt ist, kann man zumindest mit angewinkelten Unterschenkeln ganz frei an ihm hängen. Das Hangeln von einer Seite zur anderen mit Griff an einem oder an beiden Holmen ist eine inter-

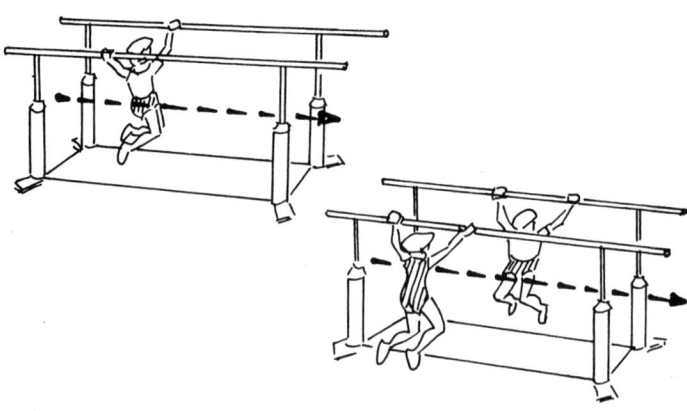

essante Herausforderung. Wenn der Barren schräggestellt wird, sind das Hinauf und Hinab ansprechende Variationen. Diese ergeben sich aber

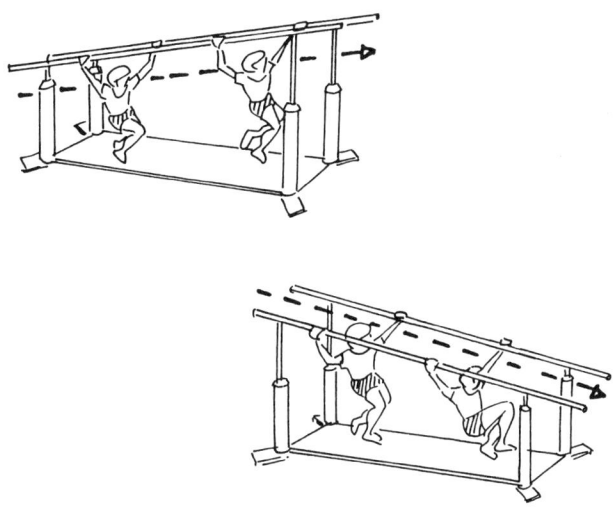

auch durch Zusatzaufgaben auf dem Wege zur anderen Seite, wie z.B. eine ganze Drehung im Langhang in der Mitte des Barrens oder, ganz

schwierig, im Langhang bis zur Mitte, dann irgendwie hoch und im Vier-füßlergang weiter.

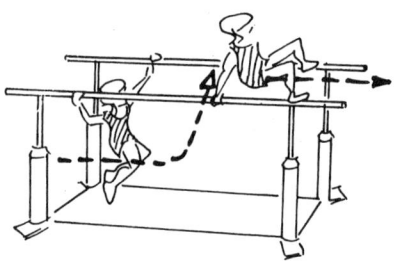

Ganz besonders vielfältig sind die Stützmöglichkeiten, für den Aufbau der Rumpfmuskulatur insbesondere die flüchtigen Stütze, bei denen An-spannung und Entspannung im rhythmischen Wechsel zueinander ste-hen. Alle rhythmischen Aufgaben können anregend mit Musik unterstützt werden.

Grundübung für eine Reihe von Variationen ist das Springen in den Stütz in der Seitbewegung über die gesamte Holmenlänge. Jede Gruppe hat

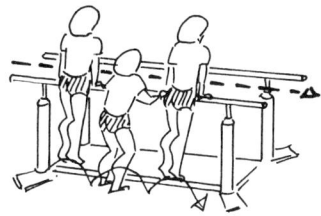

dafür ihren Barren als Übungsstrecke, oder es werden alle Barren des Vierecks in den Prozeß einbezogen.

In Variationen wird die Übungsform interessant gehalten. Sie betreffen das unterschiedliche "Beinspiel". Die Beine werden gestreckt, angehockt, gegrätscht, geschert und in anderen Kreationen weggestützt. Attraktive

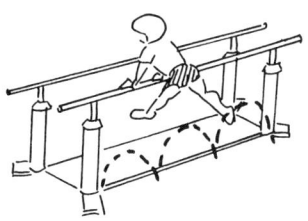

Varianten ergeben sich auch, wenn zwei sich gegenüberstehende Übende die Aufgabe so aufeinander abstimmen, daß sie sie synchron und immer auf gleicher Höhe bleibend durchführen oder in der Weise, daß

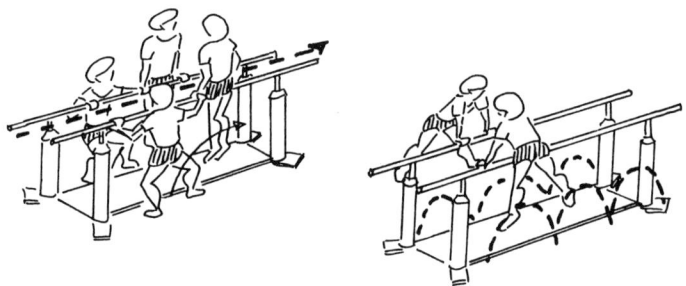

der eine immer gerade oben ist, wenn der andere unten ist. Diese Aufgaben sind besonders gut mit entsprechender Musik zu meistern.

Gleiche Aufgaben können am schräghoch gestellten Barren durchgeführt werden. Wie vorher wird zunächst allein, auch mit unterschiedlichem "Beinspiel", am einzelnen Barren und auch im Kreisdurchgang an allen

vier Barren geübt. Dann erfolgt das gleiche noch einmal synchron mit zwei sich gegenüberstehenden Partnern.

Trainingsgerät für die ganze Gruppe ist der Barren, wenn alle um ihn herum Aufstellung nehmen und dann entweder gleichzeitig oder in fester Reihenfolge nacheinander in den Stütz springen. In mehrfacher Wiederholung und einigen Variationen im "Beinspiel" werden auch bei dieser Aufgabe deutliche Kraftreize für die Rumpfmuskulatur gesetzt.

Schließlich geht es in die Barrengasse. Das Wanderstützen mit einem Wechsel von Aufstützen und Niedersprung ist bei angepaßter Holmen-

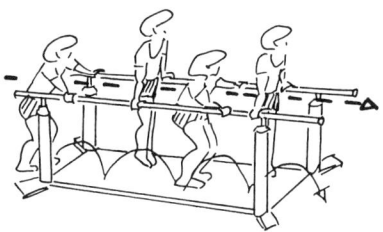

höhe auf jeder Alterstufe eine attraktive Aufgabe. Unterschiedliches "Beinspiel" führt auch hier zu Variationen, mit denen das Üben entsprechend lange am Leben gehalten werden kann. Beim Anhocken, Anristen, Grätschen und Vorhochschwingen der Beine werden aber auch jeweils besondere Muskelpartien angesprochen. Die Anstrengung wird allmählich gesteigert, wenn der Barren schräg gestellt ist, so daß die Höhe von Stütz zu Stütz zunimmt. Beim Üben an allen Barren im Kreis wird diese Steigerung jedesmal wieder neu erlebt.

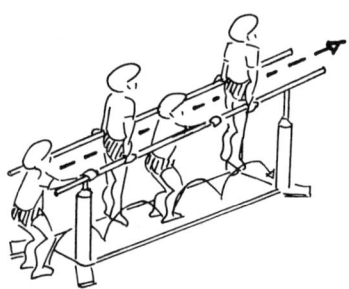

Erst wenn die Rumpfmuskulatur so ausgebildet ist, daß sie den Oberkörper im Stütz angemessen stabilisieren kann, ist das Durchstützeln eine sinnvolle Aufgabe. Es ist vor allem für die mittleren und älteren Jahrgän-

ge eine gern angenommene Herausforderung. Noch ein bißchen schwieriger wird es, wenn es dann auch noch am schräggestellten Gerät bergauf geht.

Die Vielzahl der rumpfkräftigenden Übungen am Barren im Vorfeld jeglichen formgebundenen Turnens soll abschließend noch durch ein paar Partnerübungen ergänzt werden. Bei allen folgenden Aufgaben muß besonders auch darauf geachtet werden, daß der Tragende den Rücken gerade hält, auch ein Anliegen der Rückenschule, das in solchen Momenten anschauliche Bedeutung gewinnt.

Der Helfer schiebt den an beiden Holmen hangelnden Partner vor sich her. Beim nächsten Durchgang oder am nächsten Barren werden die

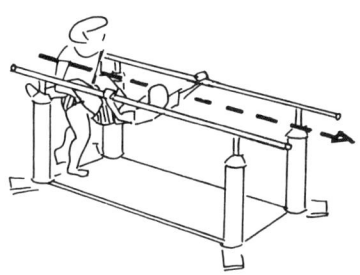

Rollen getauscht. Dann wird die Aufgabe so verändert, daß der Übende durch die Barrengasse gezogen wird.

Wieder ein wenig verändert ist die Aufgabenstellung, wenn der Übende seitwärts an nur einem Holmen hangelt.

Besonders verantwortungsbewußtes Handeln wird vom Helfer bei Stützübungen erwartet. Mit Griff oberhalb der Knie (die Beine des Übenden
können dabei auf der Schulter des Helfers abgelegt werden) wird der

Übende mit "Schubkarre" durch die Holmengasse oder, seitwärts stüt-
zelnd, den Holm entlang geschoben.

4. *Stufenbarren sind so aufgebaut, daß jeweils zwei einander gegenüber-*

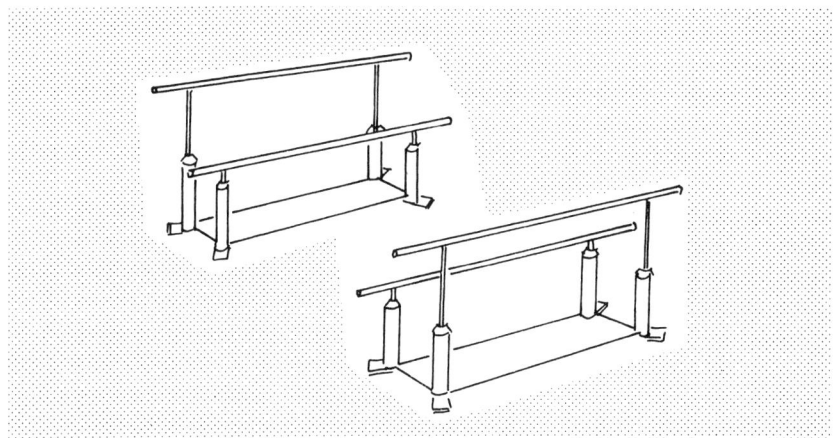

stehen. In dieser Aufstellung kann ein lebendiger Übungsfluß von Gerät zu Gerät erzeugt werden. Bei vier aufgebauten Geräten würden sich die Übungswege kreuzen.

Einen ganzen Katalog von Übungen ergeben die verschiedenen Möglichkeiten des Überwindens des Gerätes und des Durchwindens durch die Holme. Beispiele sind das Überklettern beider Holme, wobei erst auf den niederen und dann den hohen Holm aufgestiegen wird, oder das Auf-

steigen auf den niederen Holm mit anschließender Hockwende über den hohen Holm. Es kann aber auch die Aufgabe gestellt werden, sich mit Griff am hohen Holm zunächst auf den niederen Holm aufzuwinden, bevor dann der hohe Holm überstiegen oder übersprungen wird. Sehr

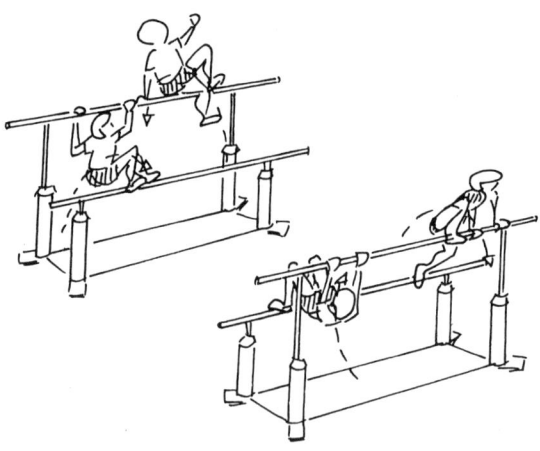

flüssig wird das Pendeln zwischen den Geräten, wenn die Übenden sich mit Griff am oberen Holm nur durch die Holmengasse hindurchwinden.

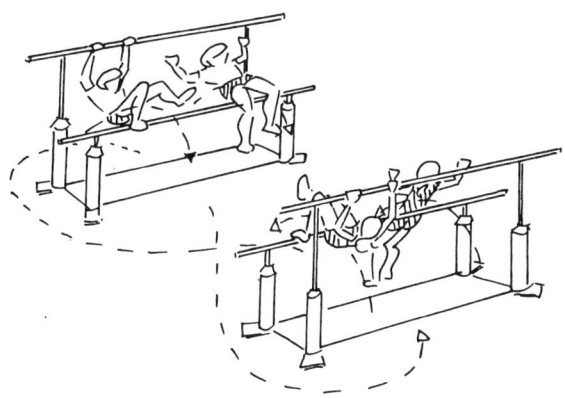

Jeder einzelne Stufenbarren bietet eine reizvolle Übungsstrecke für eine Vielzahl von Hang-, Klimm- und Stützaufgaben. So wird die Strecke z.b. im Hanggehen mit Griff am oberen Holm und Füßen auf dem unteren zurückgelegt. Deutlich anstrengender ist die Aufgabe, wenn zusätzlich die

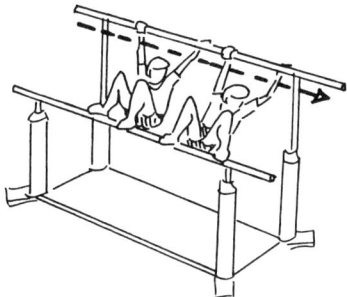

Arme angezogen werden, der Übende also versucht, die ganze Zeit über den oberen Holm zu sehen.

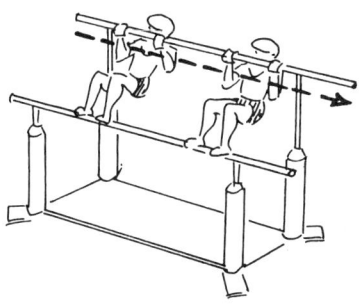

Einen ganz anderen Charakter bekommt die Aufgabe, wenn der Griff am niederen Holm gewählt wird und die Beine am oberen Holm entlanglaufen.

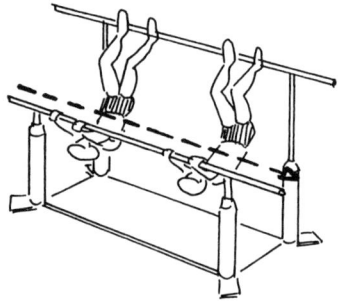

Die Aufgabe, wie ein Baumtier an allen vieren hängend am oberen Holm die Seite zu wechseln, ist eine angemessene Herausforderung, bei der schon das Hochschwingen der Beine in die Ausgangslage mit deutlicher Anstrengung verbunden ist.

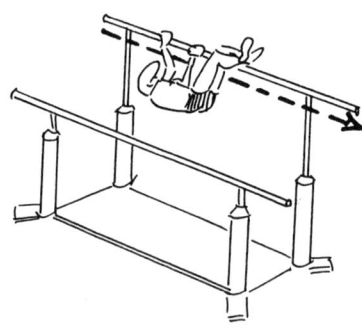

Mit deutlichen Kraftreizen für die gesamte aufrichtende Muskulatur ist auch das Aufstemmen in den Stütz am oberen Holm verbunden. In mehrfacher Wiederholung ausgeführt ist es ein richtiges Krafttraining.

Diese Übung läßt sich aber auch sehr gut am Ende von Kletter- und Hangelübungen einbauen, so z.B. zum Abschluß des Hangstandlaufens

mit den Füßen auf dem niederen Holm oder zum Abschluß des Hangelns im Langhang.

Unterstützung für das Klimmziehen am oberen Holm bietet ein leichtes Abfedern vom Boden. In der Seitbewegung kann so die ganze Holmen-

länge bewältigt werden. Je nach Holmenhöhe und Kraftvoraussetzungen kann das auch mit Sprüngen in den Stütz am oberen Holm geschehen.

5. Aufgebaut sind mehrere Recks. Die Recks sind weniger flexibel ein-

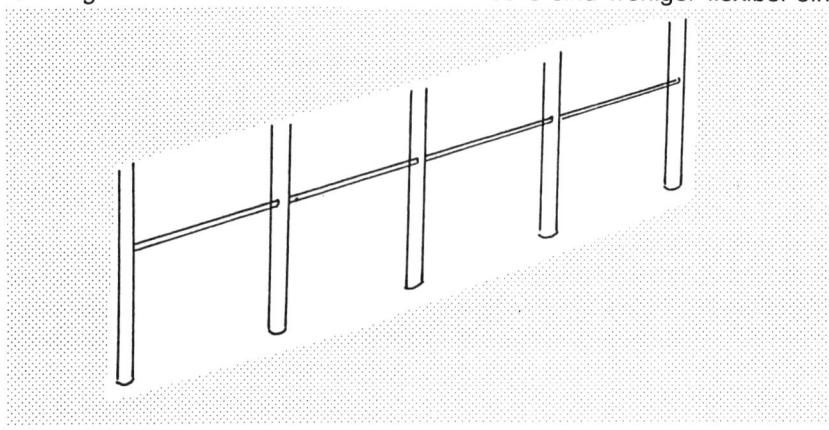

setzbar als die Barren, weil sie nur ortsgebunden aufgebaut werden können. Nicht minder vielfältig können sie jedoch für rumpfmobilisierende und rumpfkräftigende Aufgaben genutzt werden.

Schon beim Überklettern der Reckstange werden entsprechende Reize gesetzt. Beim Üben im Strom von Reck zu Reck ergibt sich für jede Kletteraufgabe ein langer Übungsweg.

Beim Spannbeugelaufen kommt es nur zu mäßigen Kraftreizen für die Schultermuskulatur, der Schwerpunkt liegt bei dieser Übung auf der Mobilisierung des Rumpfes.

Beim Felgabzug steht beim Sprung in den Stütz die Kraft im Vordergrund. Ihr Einsatz wächst mit der Höhe des Recks. Die Aufgabe, nach

dem Abrollen nach vorne die Beine so hochzuhalten, daß sie nicht den Boden berühren, ist mit deutlicher Beanspruchung der vorderen Rumpfmuskulatur verbunden.

Vielfältig kann das Reck bei fast jeder eingestellten Höhe für das Hängen und Hangeln genutzt werden.

Hände und Beine halten den Körper, wenn dieser wie ein "Faultier" an der Reckstange entlangkrabbelt.

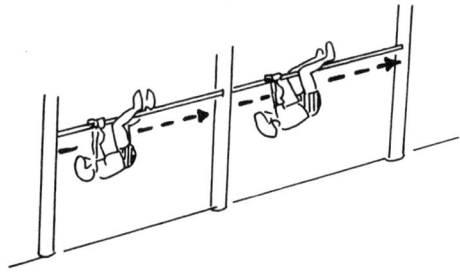

Am mittelhohen Reck kommt es beim Hangstandlaufen zu einer angemessenen Belastung der Rumpfmuskulatur, vor allem dann, wenn die

Beine weit vorgeschoben und der Körper beinahe gestreckt gehalten wird. Diese Ausführung kann dadurch herausgefordert werden, daß die Beine auf einer Bank entlanglaufen.

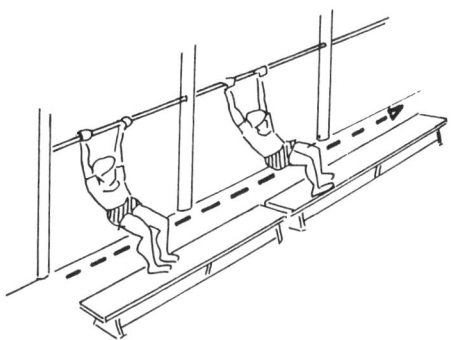

Das hohe Reck wird im Langhang gemeistert. Die Aufgabe, das Reck dabei auch an den Reckpfosten nicht zu verlassen, erfordert Geschicklichkeit von den Übenden.

Das Hangeln im Langhang kann durch ein paar besondere Aufgabenstellungen interessant gemacht werden. Dazu gehört z.B. das Vorwärtshangeln mit halben Drehungen des Körpers. Dabei ergreift der Übende

das Reck nach jeder Drehung im Zwiegriff. Ein anderes Beispiel ist die ganze Drehung, wenn die Mitte des Recks erreicht ist.

Eine besondere Beanspruchung der Bauchmuskulatur erfolgt, wenn auf dem gesamten Weg die Beine angezogen werden, je höher, desto größer die Wirkung. Bei entsprechender Kraftfähigkeit können die Beine dabei

auch gestreckt nach vorne gehalten werden. Bei diesen Aufgaben hat die Bauchmuskulatur die Aufgabe, das Becken zu stabilisieren. Wenn sie es nicht mehr schafft, fallen die Beine nach unten, ein Erlebnis, daß so manchen zum erneuten Versuch herausfordert.

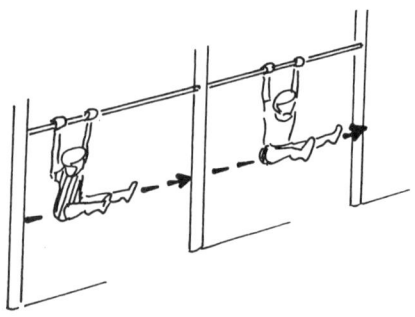

Anstrengend wird es auch, wenn, bevor das Hangeln beginnt, erst einmal ein Klimmzug gemacht werden muß und der zurückgelegte Weg genauso abgeschlossen werden muß.

Am brust- bis kopfhohen Reck bietet der Sprung in den Stütz eine Reihe interessanter Variationsmöglichkeiten. Ein langer Übungsweg entsteht, wenn der Übende an jedem Reck zweimal mit Seitbewegung in den Stütz

springt und dann zum nächsten Reck wechselt. Gewellt ist dieser Übungsweg, wenn der zweite Aufsprung an jedem Reck von der anderen Seite erfolgt.

Regelrecht gestaltet wird diese Aufgabe, wenn zwei auf verschiedenen Seiten des Recks stehende Partner ihre Aufsprünge gleichzeitig ausführen. In mehrfacher Wiederholung ergibt sich eine richtige Trainingsübung.

Gestaltungen liegen auch vor, wenn alle Aufsprünge gleichzeitig erfolgen. Wenn die Aufgabe in der Seitbewegung ausgeführt wird, muß der nächste Übende jeweils im richtigen Augenblick in den Prozeß einsteigen. Variationen dieser Aufgabenstellung sind wie schon am Kasten und am Barren unterschiedliche "Beinspiele". Die Beine werden gestreckt, gehöckt, gegrätscht und gespreizt und in anderen spontan eingefallenen Bewegungen weggestützt.

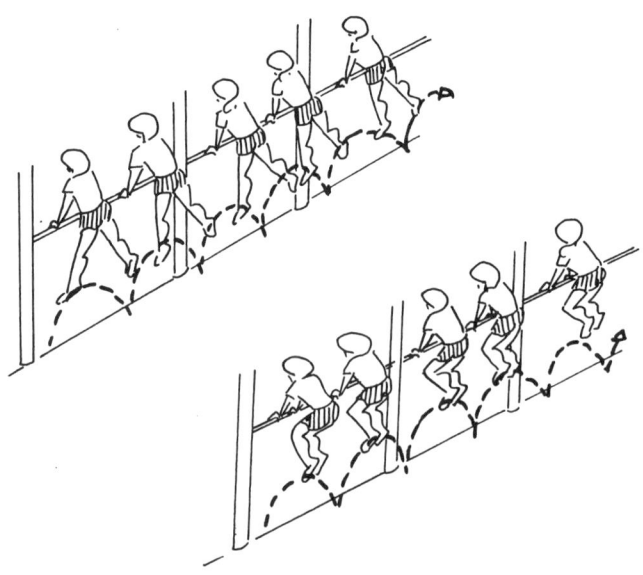

Wenn die Recks nicht zu hoch sind, kann man an ihnen auch im Schräg-
stütz entlanglaufen. Mit Hilfe von Bänken wird die Höhe noch etwas redu-
ziert und der Laufweg der Füße festgelegt.

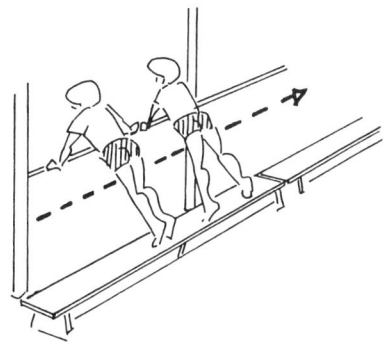

Sich nur im Stütz seitwärts fortzubewegen, ist eine erheblich schwierigere
Aufgabe.

Auch mit Partnerübungen kann ein interessantes Programm gestaltet
werden. Mit den Beinen auf den Schultern eines Partners erreicht der
Übende am brusthohen Reck einen Liegestütz. In der Seitbewegung auf

den Händen wird die Stange gemeistert. Ergänzend können zu Beginn und am Ende des Weges Armbeugen, also richtige Liegestütze verlangt werden.

Im Hang am nur brusthohen Reck werden die Beine von einem Partner angehoben. Auch bei dieser Übung kann die Seitbewegung mit einem Klimmzug begonnen und einem Klimmzug beendet werden.

Am reich- bis sprunghohen Reck sind schließlich auch Schwungübungen angemessene Herausforderungen. Schon das einfache Schwingen im Langhang setzt deutliche Kraftreize. Variationen sind Gruppenübungen

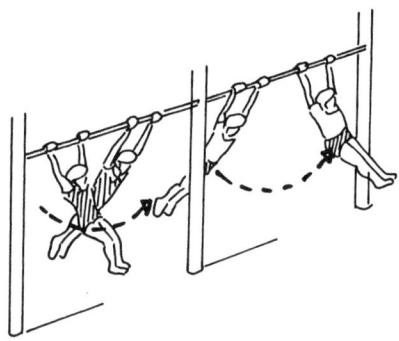

wie das Synchronschwingen zu zweit oder zu dritt oder das Schwingen in einem gegeneinander laufenden Rhythmus.

Verschiedene Aufgaben während des Schwingens halten die Aufgabe interessant. So können am Ende des Vorschwunges oder am Ende des Rückschwunges Klimmzüge versucht werden, oder es wird jeweils beim

Vorschwung eine halbe Drehung ausgeführt. Besonders attraktiv sind

auch Sprünge in den Langhang, die z.B. von einer Bank, die beim Reckturnen sowieso als Sammelstelle eingeplant ist, ausgeführt werden können.

Die Langbank als Trainingsgerät

Die Langbank, die wir bei vielen bisher dargestellten Beispielen schon als hilfreiches Zusatzgerät erfahren haben, ist auch selbst ein wertvolles Trainingsgerät mit einer Vielzahl von Möglichkeiten. Ihr Vorzug liegt an der trotz ihrer Länge und Stabilität großen Mobilität, die sie ja auch bisher schon ausgezeichnet hat. Sie kann auch in Stunden, in denen nicht mit Großgeräten gearbeitet werden soll, ganz spontan an jeder Stelle der Halle aufgebaut werden und genauso schnell wieder verschwinden. Da sie aber sehr häufig auch als Sammelstelle genutzt wird, kann sie auch gleich noch andere Aufgaben erfüllen. Es ist nämlich kaum mit Aufwand verbunden, wenn man die Bänke zunächst aus dem Aufbau herauszieht, um sie für ein besonderes Programm zusammenzustellen, und sie dann wieder an ihren Platz zurückträgt.

Die Langbank kann für alle Themen der Rückenschule genutzt werden. Sie ist ein wichtiges Gerät für kräftigende Übungen, an ihr können aber auch Aufgaben für die Mobilisierung des Rumpfes gestellt werden und sie kann als Hilfsgerät für Beweglichkeitsübungen eingesetzt werden. Ein anderer Vorzug liegt in dem mit ihr verbundenem ordnenden Charakter. Jede Langbank legt einerseits die Länge einer Trainingsstrecke fest, andererseits werden mit ihr auch Bewegungswege gestaltet und sie bestimmt immer wieder den Ort des Geschehens, auch wenn zwischendurch etwas ganz Ungeordnetes abläuft.

Im folgenden werden schwerpunktmäßig Beispiele zur Kräftigung dargestellt. Andere Vorzüge des Bankeinsatzes werden an späterer Stelle
hevorgehoben.

... im Querbetrieb

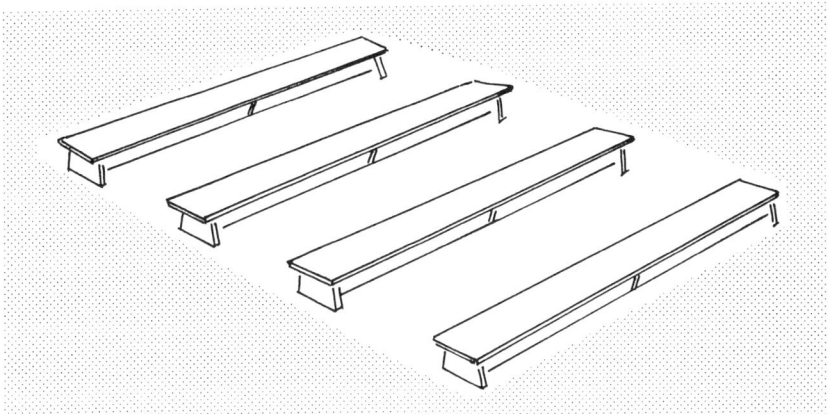

Parallelstehende Bänke sind kleine Hindernisse, an denen unterschiedliche Aufgaben erfüllt werden können. Die erste ist der Vierfüßlergang,
mit dem nicht nur die Bänke überwunden, sondern auch die Zwischenräume zurückgelegt werden.

Die Mobilisierung des Bewegungsapparates im Bereich des Rumpfes rückt in den Vordergrund, wenn die Bänke nicht überwunden werden, sondern unter ihnen durchgekrabbelt wird. Die dabei notwendige vorsichtige Bewegungsausführung, bei der der anfängliche "Katzenbuckel" in einen "Pferderücken" verwandelt werden muß, ist dabei sehr hilfreich.

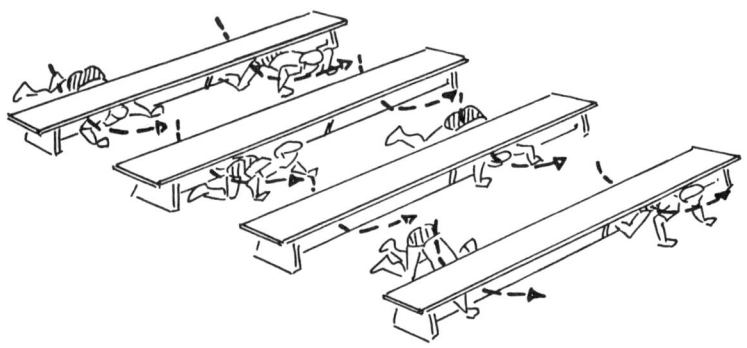

Ein Wechsel von kräftigenden Übungen und mobilisierenden Bewegungen wird erreicht, wenn die Zwischenräume wie vorher auf allen vieren bewältigt werden.

Ein Wechsel der Beanspruchung des Rumpfes liegt auch dann vor, wenn unter einer Bank durchgekrabbelt wird und die nächste dann mit einer Hockwende überwunden wird.

Eine sehr rhythmische Bewegungsform ist das Überwinden aller Bänke mit Hockwenden. Diese Aufgabe kann auch ausgezeichnet mit Musik unterstützt werden. Das gilt auch für die Variation, bei der von Bank zu Bank die Seite gewechselt wird.

... an der Langbank

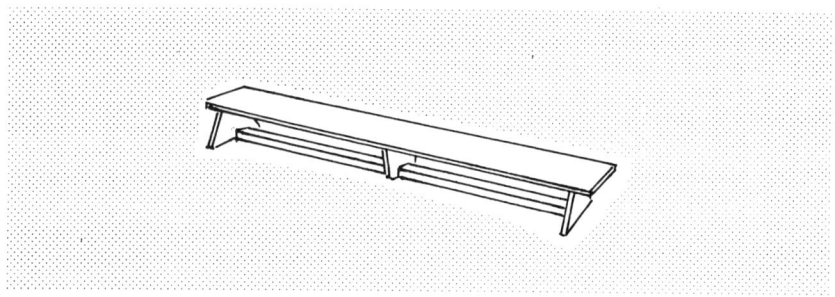

Von den vielen Möglichkeiten, mit der Langbank zu arbeiten, von denen wir vorne insbesondere schon die des Balancierens dargestellt haben, sollen im folgenden vor allem die Stützübungen in Erinnerung gerufen werden. Mit der Länge der Bank wird eine Strecke festgelegt, die nicht nur in ganz unterschiedlicher Weise bewältigt werden kann, sondern auch durch unterschiedliche Aufstellungen des Geräts ganz unterschiedlich gestaltet werden kann.

Eine ansprechende Herausforderung ist schon das Überkrabbeln der breiten Sitzfläche auf allen vieren, bei dem das Körpergewicht gleichmäßig auf Hände und Füße verteilt ist.

Deutlich verändert ist die Anforderung, wenn die Bank auf die Seite gekippt ist, so daß Hände und Füße auf schmalen Graten laufen müssen.

Eine Balancierübung entsteht, wenn die Bank umgedreht wird. Bei dieser Aufgabe wird die Haltemuskulatur besonders auch reflektorisch beansprucht.

An der auf zwei kleine Kästen hochgestellten Bank bedeutet zunächst die breite Sitzfläche eine ausreichende Herausforderung. Der Aufbau kann

durch Wege hinauf und hinunter zu einem langen Krabbelsteg erweitert werden. Die Bänke müssen dabei auch nicht immer hintereinander stehen, sondern können auch in rechten Winkeln zueinander aufgebaut werden.

Mit schrägen Aufbauten aus umgekippten Bänken können Anforderungen gesteigert werden. Werden die Bänke dann noch einmal weitergedreht

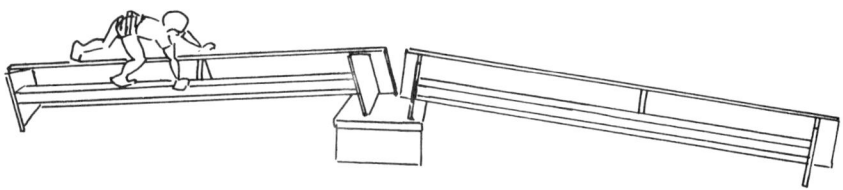

und ganz auf den Rücken gelegt, bedarf es der vollen Aufmerksamkeit, um die Strecke ohne abzusteigen zu schaffen.

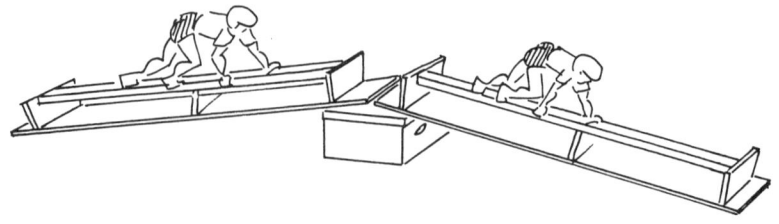

Das gleiche gilt für die insgesamt hochgestellte Bank, wenn auch hier nur ein schmaler Pfad zur Verfügung steht.

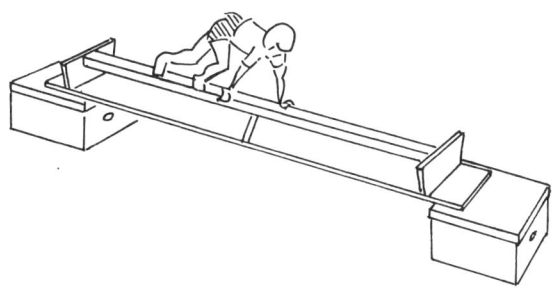

Eine weitere Möglichkeit, die Bank stützend zu überwinden, bietet der Krebsgang. Beim Aufsetzen der Füße vor dem Körper wird die Rumpfmuskulatur in ganz anderer Weise gefordert als bei den bisherigen Ausführungen.

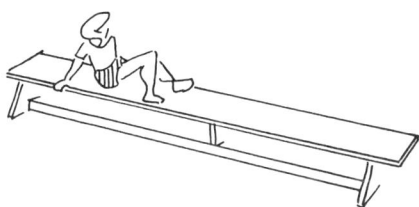

Beim Krebsgang über die umgekippte Bank muß die Rumpfmuskulatur auch die leichte Schrägstellung und die Unterschiedlichkeit der Holme ausgleichen.

Verstärkt aus dem Oberkörper wird gearbeitet, wenn eine Fliese, auf der die Beine stehen, über die Sitzfläche der Bank gezogen wird.

Eine schwierige Aufgabe ist auch das Schieben einer Fliese in der Krebsstellung mit Beinen vorweg.

Die ganze Arbeit muß auch dann von Armen und Rumpf geleistet werden, wenn die Strecke wie ein "Seelöwe" zurückgelegt wird, bei dem die Beine bei insgesamt gestrecktem Körper hinterhergezogen werden.

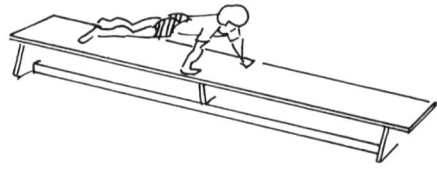

Zwar keine Stützübung, aber ebenfalls Arme und Rumpf kräftigend ist das Klimmziehen in der Bauchlage auf der Bank.

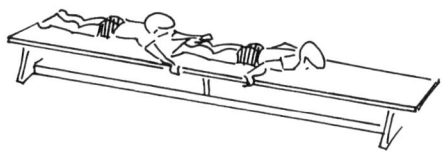

Je schräger dann die Bank eingerichtet wird, desto schwieriger wird es, die ganze Banklänge zurückzulegen. Eine ganze Serie von immer steiler werdenden Anlagen ist eine richtig spannende Angelegenheit.

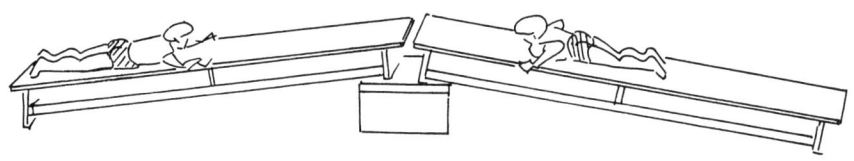

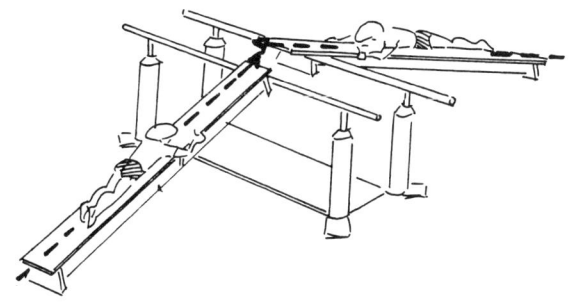

Eine interessante Variante ist das Klimmziehen in der Rückenlage, bei dem auch die muskuläre Beanspruchung verändert ist.

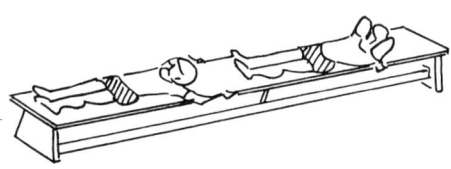

Die Beanspruchung von Schultern und Rumpf im Vierfüßlergang ist deutlich gesteigert, wenn nur noch die Beine auf der Bank, die Hände aber auf dem Boden laufen.

Diese Übung kann auch seitwärts ausgeführt werden, so daß Beine und Arme während der Vorwärtsbewegung immer auf gleicher Höhe sind. Mit

schräg gestellten Bänken wird die Belastung zur Mitte hin noch ein wenig gesteigert, wenn es zunächst berauf und dann wieder bergab geht.

Eine anstrengende Variante mit der Herausforderung "Mal sehen, ob ich das schaffe?" ist der Seitenwechsel in der Mitte der Bank, ohne dabei die Knie auf der Bank abzulegen.

Anstrengend ist auch der Krebsgang seitwärts mit den Füßen auf der Bank.

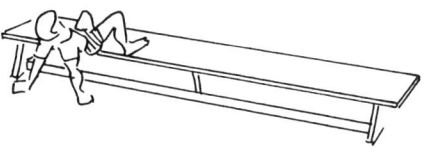

Kurzzeitige Stütze und damit kurzzeitige Reize für die Stützmuskulatur bieten die Hockwenden hin und her über die Bank.

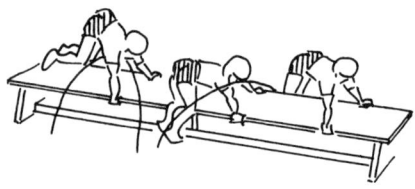

Eine ähnliche, immer nur kurzzeitige Stützbeanspruchung ist bei der Wandergrätsche gefordert. Je höher die Beine dabei angehoben werden,

desto mehr muß die Schultermuskulatur gegenhalten. Das kann zwingend dadurch herausgefordert werden, daß die Beine jedesmal auf die

Bank aufgesetzt werden müssen oder - viel schwieriger - daß die Füße über der Bank einmal oder sogar zweimal zusammengeschlagen werden.

... an der Bankgasse

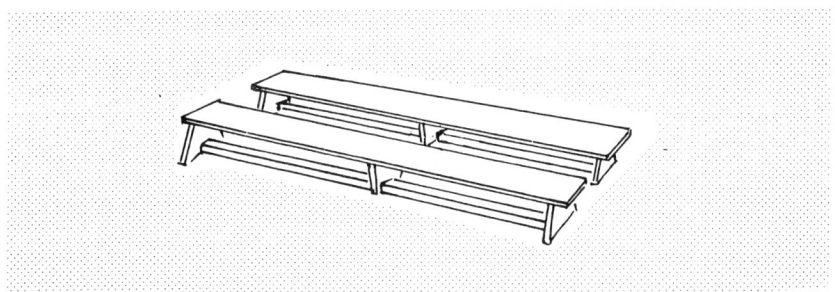

Ähnlich wie die Bank bietet auch die Bankgasse eine Vielzahl von Möglichkeiten für die Gestaltung von rumpfstärkenden Bewegungsanforderungen.

Den Anfang macht wieder der Vierfüßlergang. Die Bänke stehen nur so weit auseinander, daß die Übenden eine etwa schulterbreite Gasse überwinden.

Einen besonderen Reiz gewinnt die Aufgabenstellung, wenn zusätzlich ein Ball mit dem Kopf vorwärts gerollt wird. Dafür müssen die Bänke so eng stehen, daß der Ball wie auf einer Schiene rollt.

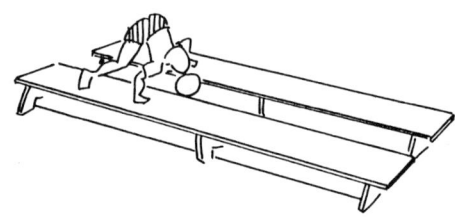

Der Ball kann aber auch mit den Händen gerollt werden. Eine gleichmäßige Belastung entsteht bei abwechselndem Handeinsatz.

Die Seitbewegung auf allen vieren verlangt eine abgestimmte Koordination von Bein- und Armbewegungen.

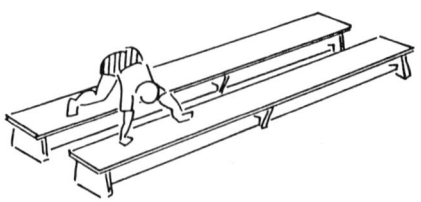

Schwieriger und auch anstrengender ist der Krebsgang. Mit den Beinen vorweg wird die Stützmuskulatur mehr beansprucht als bei den bisherigen Aufgaben.

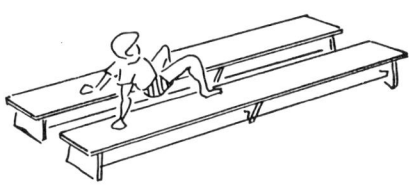

Reizvoll verändert wird auch diese Aufgabe, wenn zusätzlich ein Ball mit den Füßen vorangetrieben wird. Dafür müssen die Bänke entsprechend eng gestellt werden.

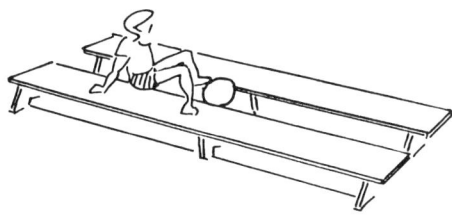

Eine interessante Variante ist der Krebsgang seitwärts. Er gelingt nur bei angemessener Koordination von Arm- und Beinbewegungen bei einem ständigen Wechsel der Stützbelastung von einem Arm auf den anderen.

Schultern und Rumpf werden deutlich gefordert, wenn zusätzlich Fliesen, auf denen die Füße stehen, über die Bänke gezogen werden.

Noch schwieriger wird es, wenn die Fliesen in Krebsstellung geschoben werden.

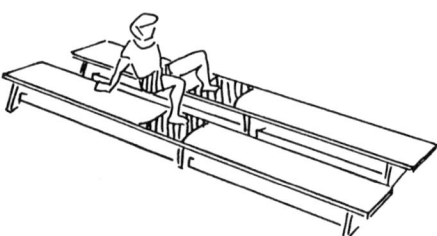

Beträchtliche Anforderungen an Stütz und Rumpfmuskulatur stellen auch alle Aufgaben, bei denen die Füße oben auf der Bank und die Hände unten am Boden entlang laufen. Im Vierfüßlergang laufen die Hände dabei durch die Bankgasse.

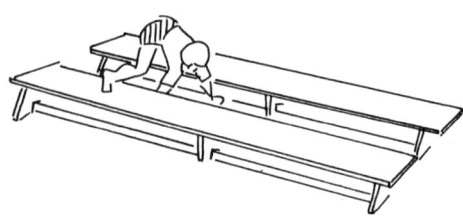

Schwierig wird es, wenn zusätzlich ein Ball mit dem Kopf gerollt wird, weil die dann nur schmale Gasse eine abgestimmte Armbewegung verlangt.

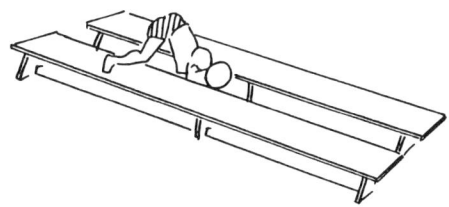

In vielfältiger Weise gesteigert werden können viele der dargestellten Bewegungsaufgaben, wenn die Bankgassen erhöht aufgebaut werden. Dafür eignen sich kleine Kästen oder Kastenoberteile.

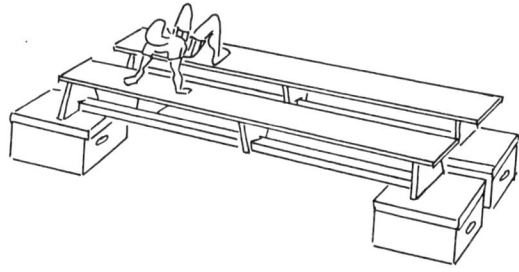

Wenn nur eine Seite erhöht wird, geht der Weg zunächst bergauf und dann wieder bergab.

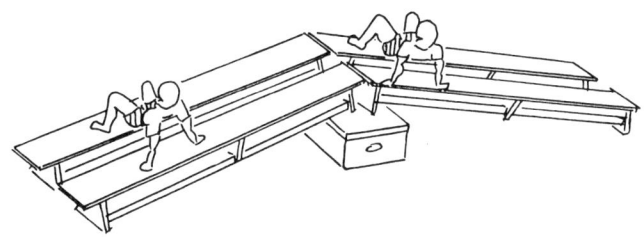

Ein ganz neuer Aufforderungscharakter entsteht, wenn die Bänke umgedreht werden, so daß nur noch schmale Stege zum Stützen zur Verfügung stehen. Das jetzt vorsichtigere Vorgehen beansprucht reflektorisch eine Vielzahl von Haltemuskeln, die bei breiten Flächen weniger gefordert sind.

Das gleiche gilt für Gassen, bei denen beide Bänke auf die Seite gelegt sind.

Auch mit diesen Varianten können Erhöhungen und Schrägen eingerichtet werden. Je nach Anzahl der zur Verfügung stehenden Bänke können ganze Kletterparcours aufgebaut werden, an denen es bergauf und

bergab und über "tiefe Schluchten" geht. Dabei kann die Aufstellung der Bänke von Teilstück zu Teilstück variiert werden, mal sind sie umgedreht, mal liegen sie auf der Seite.

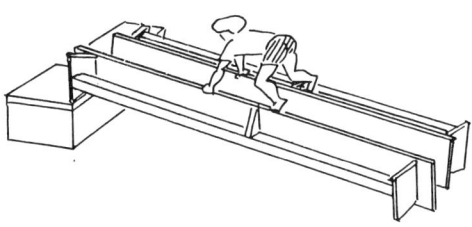

Neben den Kletterübungen bietet die Bankgasse ausgezeichnete Möglichkeiten für Stützübungen mit verschiedenen Beinschwüngen. Den Anfang macht die "Wanderhocke" mit Hocksprüngen und jeweils kurzzeitigem Abstützen an den Bankflächen.

Eine Variante ist die "Wandergrätsche", bei der die Beine abwechselnd in die Gasse und gegrätscht auf die Sitzflächen geschwungen werden.

In ähnlicher Weise können Hockwenden über die Länge der Bänke
ausgeführt werden. Dabei gibt es unterschiedliche Ausführungen. Bei der
ersten werden beide Beine nach Abdruck vom Boden immer nur zu einer
Seite hochgeschwungen, d.h. bei Hockwendeschwung z.b. nur auf die

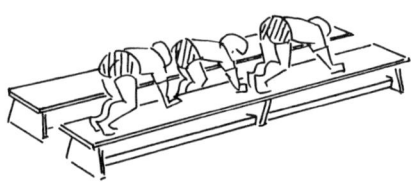

rechte Bank. Bei der zweiten Ausführung wird die Seite bei jedem Auf-
hocken gewechselt, schwingen sie bei der ersten Hockwende auf die
rechte Bank, dann schwingen sie bei der zweiten auf die linke usw.. Bei

der dritten schließlich wird ganz auf den Abdruck vom Boden verzichtet,
so daß die Beine direkt von Bank zu Bank hin- und herschwingen.

Richtige Kraftübungen entstehen, wenn "zur Begrüßung" und "zum Abschied" am Anfang und am Ende der Aufgabe jeweils Liegestütze ausgeführt werden. Im Vierfüßlergang ist es der Liegestütz vorlings, der je nach Kraftvoraussetzungen bei den Übenden einmal oder mehrmals ausgeführt wird.

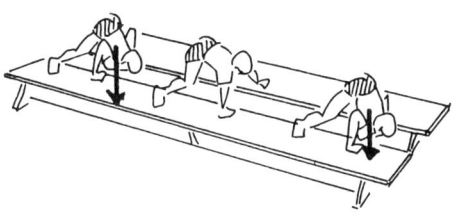

Beim Krebsgang wird eine ähnliche Anforderung mit dem Liegestütz rücklings gestellt.

Richtig anstrengend ist auch der "Seelöwe", der auch mit Liegestützen vorwärts begonnen und beendet werden kann.

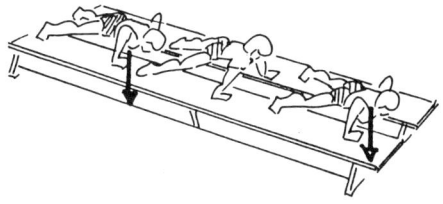

Wenn ein Partner den Übenden oberhalb der Knie an den Oberschenkeln unterstützt, ist auch die Schubkarre eine schon für die Kleinen machbare Aufgabe. Dem Helfer muß dieser Griff bewußt gemacht werden, und er muß bei sich selbst auf einen geraden Rücken achten.

Spielformen zur Rumpfkräftigung

Geeignet sind alle Spielformen, bei denen rumpf- und haltemuskulatur-beanspruchende Bewegungsformen im Mittelpunkt stehen. Manchmal muß man nur eine bekannte Spielform ein wenig verändern, um die entsprechenden Reizsetzungen zu erreichen. Der besondere Themenbezug bringt dann auch besondere Kreationen hervor.

Versteinern

Die Übenden laufen nach Musik in einem gekennzeichneten Spielfeld umeinander herum. In dem Augenblick, in dem die Musik aussetzt, "versteinert" jeder zu der Gestalt, die er gerade einnimmt. Die dabei eingenommenen labilen Gleichgewichtszustände beanspruchen reflektorisch die gesamte Haltemuskulatur. Mit erneutem Erklingen der Musik wird der Lauf fortgesetzt.

Traben   **Versteinern**

Denkmal

Wie vorher laufen die Übenden nach Musik umeinander herum. Das Feld ist jetzt durch Balanciergeräte gekennzeichnet. Wenn die Musik aussetzt, nehmen die Übenden so schnell wie möglich selbst ausgedachte Positionen auf den Balanciergeräten ein. Aus dem Lauf heraus auf einem schmalen Gerät das Gleichgewicht zu halten, ist mit einer angemessenen Reizsetzung für die Haltemuskulatur verbunden. Wenn die Musik wieder einsetzt, wird der Lauf fortgesetzt.

Feuer, Wasser, Blitz

Für jedes der drei Ereignisse wird eine bestimmte rumpfbeanspruchende Übung ausgedacht. Dafür werden zum Beispiel die für den Hauptteil der Stunde genutzten Geräte genommen. Vieles ist aber auch schnell aufgebaut. So z.B., wenn die Aufgaben an Tauen und Bänken gestellt werden.

Die Übenden traben um die aufgebauten Geräte und umeinander herum. Beim Ruf "Feuer", "Wasser" oder "Luft" werden die dafür bereitgestellten Geräte aufgesucht und die entsprechenden Positionen eingenommen. In unserem Beispiel ist das für "Feuer" der Bau einer Leiter an einer Bankgasse, für "Wasser" der Sprung ans Tau und für "Blitz" das Gleichgewichthalten auf einer umgedrehten Bank.

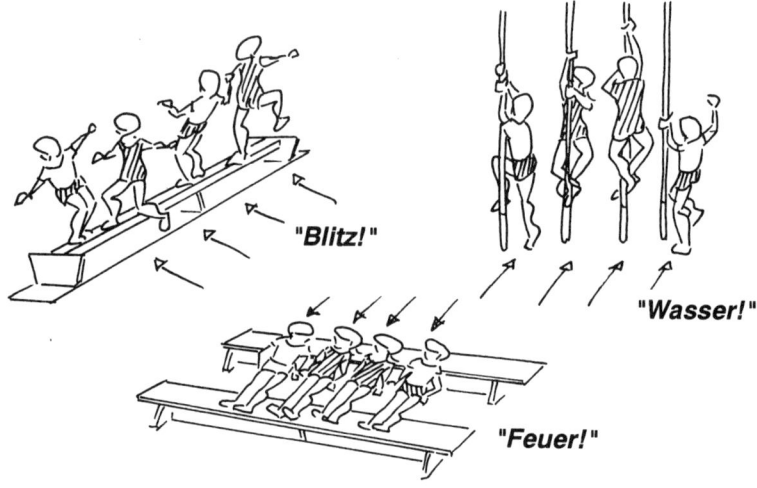

"Blitz!"

"Wasser!"

"Feuer!"

"Hausaufgaben"

Die Übenden bewegen sich mit verschiedenen Aufgaben an Geräten oder um diese herum. So sind z.B. vier Barren aufgebaut, an denen im Kreisdurchgang geklettert wird. Jede Gruppe hat ihren eigenen Barren, klettert aber im Kreisdurchgang an allen. Bei einem abgesprochenen Signal begeben sich die Gruppen so schnell wie möglich an ihr Gerät und nehmen dort eine bestimmte Position ein. Als solche Positionen werden rumpfbelastende Übungen ausgesucht wie z.B. Stütz oder Hang am Barren, Hang am Reck usw..

Staffelformen

Staffelwettbewerbe haben für Kinder eine besondere Attraktivität. Sie können fast mit allen Fortbewegungsarten, bei denen schwerpunkmäßig die Rumpfmuskulatur eingesetzt wird, durchgeführt werden. Die dabei nicht immer erreichte Genauigkeit der Bewegungsausführungen schmälert kaum den Erfolg einer soliden Beanspruchung der relavanten Muskulatur. Die Genauigkeit der Bewegungsausführungen kann allerdings erhöht werden, wenn der erste Durchgang jeweils ohne den Wetteifergedanken im "Schongang" absolviert wird.

Ballrollstaffel
Jede Gruppe wird in zwei Teile geteilt und die Gruppenteile an beiden Enden der Strecke gegenüber aufgestellt. Der Ball wird im Vierfüßlergang mit dem Kopf auf die andere Seite gerollt.

Krebsstaffel
Die Organisation der Gruppen erfolgt wie vorher. Die Strecke wird jeweils im Krebsgang zurückgelegt.

Krebsstaffel mit Balltransport
Mit mehr Aufmerksamkeit auf die Körperbewegungen muß die Strecke im Krebsgang zurückgelegt werden, wenn zusätzlich ein Ball auf dem Bauch balanciert werden muß. Wenn dieser herunterfällt, muß er an dieser Stelle zunächst wieder aufgelegt werden, bevor der Weg fortgesetzt wird.

Dribbelstaffel mit Krebsgang
Für diese Staffel wird, damit der Ball nicht einfach auf die andere Seite getreten wird, eine Umlaufstrecke mit einem Hütchen markiert. Der Ball wird im Krebsgang um dieses Hütchen geführt.

"Seelöwen"-Staffel
Die Strecke wird im "Seelöwengang" zurückgelegt. Dabei wird ein Ball transportiert, der zwischen die Oberschenkel geklemmt wird.

Schubkarrenstaffel

Bei der Schubkarrenstaffel sind immer zwei unterwegs, einer schiebt und einer läßt sich schieben. Beachtet werden muß dabei stets, daß der Helfer in Höhe der Oberschenkel zugreift, damit der Körper des Übenden nicht durchhängt.

Aufgaben an einer Bank

In der Mitte jeder Wettkampfstrecke ist eine Bank eingestellt. An dieser müssen auf dem Weg hin und her bestimmte Aufgaben erfüllt werden.

Aufgaben an der Bankgasse

Mit zwei Bänken wird in der Mitte jeder Wettkampfstrecke eine Bankgasse gebildet. An dieser müssen verschiedene Aufgaben erfüllt werden.

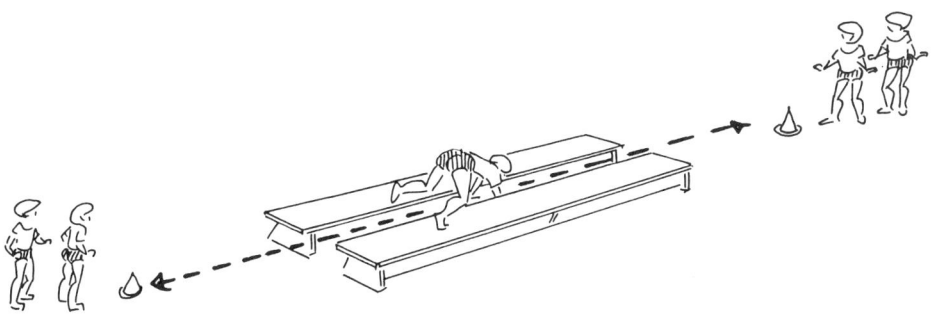

Schubkarre an der Bankgasse

Wenn die Bankgasse in der Mitte mit einer Schubkarre bewältigt werden muß, sind jeweils Paare unterwegs. Der Wettbewerb kann aber auch so organisiert werden, daß der Helfer des Hinweges auf dem Rückweg zur Schubkarre wird.

Tunnelstaffel

Jede Gruppe besetzt eine Bankgasse, deren Abstand so gewählt ist, daß mit bestimmten Körperhaltungen ein Tunnel gebildet werden kann, unter dem immer einer zur Zeit durchkriechen kann. Beim Start stehen alle in

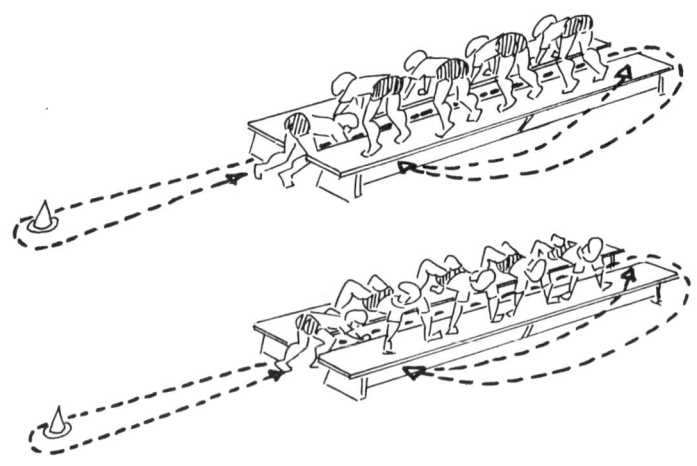

der vorgeschriebenen Position. Der vorderste jeder Gruppe läuft ans andere Ende der Bank, kriecht durch den Tunnel, während alle eine Position nach vorne rücken, und schließt dann am hinteren Ende auf dem freigewordenen Platz an. Das ist der Augenblick für den zweiten zum Start.

Tunnelbau

Die Gruppen bilden je einen Tunnel über einer Bankgasse. Der letzte löst seine Position auf und läuft nach vorne, um sie dort wieder einzunehmen, während alle anderen einen Platz nach hinten rücken, um die vordere Position freizumachen. Ist die Position eingenommen, ertönt das Signal zum Start für den nächsten.

Beweglicher Tunnel

Die Gruppen bilden einen Tunnel mit rumpfbeanspruchenden Übungen. Der jeweils erste startet nach hinten und schließt dort an. Ist die Position eingenommen, startet der nächste. Die Aufgabe ist beendet, wenn jeder auf diese Weise eine bestimmte Anzahl von Wiederholungen absolviert hat.

"Eine Runde"

Die Gruppen nehmen an ihrem Gerät (Reck, Barren, Kasten) eine rumpfbeanspruchende Position ein, z.b. einen Stütz am Reck oder Barren oder
einen Hang an diesen Geräten. Auf ein bestimmtes Signal hin laufen sie
eine Runde um die ganzen Geräte und versuchen, möglichst schnell
wieder die Ausgangsposition zu erreichen.

Sprint zur Zusatzaufgabe

Dieses Spiel beginnt mit einem Sprint zu einem entfernt liegenden Ball.
Dort wird mit rumpfbeanspruchenden Übungen eine Zusatzaufgabe
erfüllt. Wer fertig ist, kehrt zur Ausgangsposition zurück. Eine interessante Aufgabenstellung ist das Rollen des Balles durch einen von den
Übenden gebildeten Tunnel. Der jeweils letzte nimmt den Ball in Empfang, läuft nach vorne, rollt den Ball durch den Tunnel zurück und

schließt vorne an. Die Aufgabe ist beendet, wenn derjenige, der den Ball zuerst gerollt hat, ihn hinten in Empfang nimmt.

Lebende Hürdenstrecke

Die Übenden aller Gruppen haben an markierten Stellen ihre "Hürdenpositionen" eingenommen. Beim Start löst der erste seine Position auf, überläuft alle "Hürden" und belegt die nächste markierte Position. Das Erreichen der neuen Position ist das Startzeichen für den zweiten usw.

Jeder eine Runde

Jede Gruppe bildet an vorher markierten Stellen einen "Hürdenkreis". Jeder legt eine ganze Runde über alle "Hürden" zurück. Wenn der erste wieder an seinem Platz ist, startet der zweite usw.

Krebsfußball

Die Fortbewegung, das Dribbeln und Passen geschieht beim Krebs-
fußball im Krebsgang. Durch Absetzen auf den Boden können immer
wieder Erholungspausen genommen werden. Je kleiner die Spielgruppen
sind, desto anstrengender ist das Spiel. Besonders interessant ist es
auch mit mehreren Bällen.

Kraftreize mit Kleingeräten

In vielen Fällen stehen Großgeräte nicht zur Verfügung, und auch der Aufbau von Zusatzgeräten kostet oft zu viel Zeit, oder es wird bei ihrem zu häufigen Einsatz eher ein Motivationsverlust erwartet. Einen großen Raum nehmen die Ballspiele ein. Beim Basketball, Volleyball, Handball, Fußball und auch bei den Rückschlagspielen Badminton und Tennis stehen lediglich Kleingeräte wie Ball und Schläger zur Verfügung. Auch in der Leichtathletik geht man nur mit Kleingeräten wie Bananenkartons, Medizinbällen oder Seilen um. Da gerade in diesen Sportarten die Neigung besteht, rumpfkräftigende Angebote ganz außer Acht zu lassen, dem Rumpf aber bei ihrer Ausübung eine ganz besondere stabilisierende Funktion zukommt, stellt sich immer wieder die wichtige Aufgabe, darüber nachzudenken, wie eine entsprechende Reizsetzung erhalten werden kann. Ganz abwechslungsreich kann das gelingen, wenn die sowieso verwendeten Kleingeräte dabei genutzt werden. An ein paar Beispielen soll das verdeutlicht werden. Im Mittelpunkt der folgenden Aufgaben steht der Ball. Viele der dargestellten Formen können aber auch mit anderen Kleingeräten durchgeführt werden.

... mit dem Ball

Voraussetzung für die folgenden Formen ist, daß jeder Übende einen Ball hat, mit dem er zum Beispiel im Rahmen der Aufwärmarbeit verschiede - ne Aufgaben erfüllt. Diese Ballarbeit ist keineswegs gleichzusetzen mit dem Verzicht von rumpfkräftigenden Übungen. Der Ball ist im Gegenteil ein attraktives Gerät, um etwas Abwechslung in das einseitige Programm funktionaler Übungen zu bringen. Von der Vielzahl der dargestellten Übungen sollte ein Kurzprogramm mit Reizsetzungen für die Bauch-, Gesäß-, Hüft-, untere Rücken- und Schultermuskulatur in jeder Stunde einen Platz bekommen.

Zur Kräftigung der Bauchmuskulatur nutzen wir den Ball zunächst als Auflegestelle für die Füße. Aus der Rückenlage mit senkrecht aufgestellten Oberschenkeln wird der Oberkörper wiederholt langsam nach vorne hin aufgerollt und wieder abgelegt. Die Lendenwirbelsäule bleibt dabei fest am Boden.

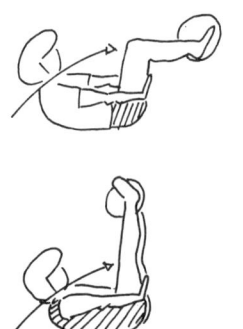

Der Ball wird zwischen den Füßen eingeklemmt und die Beine in Rückenlage so gehalten, daß die Oberschenkel senkrecht nach oben zeigen und in den Knien ein rechter Winkel entsteht. Wie vorher wird der Oberkörper langsam vor- und wieder zurückgerollt.

Jetzt werden die Beine mit zwischen den Füßen eingeklemmtem Ball gestreckt angehoben. Mit rhythmischem Aufrollen und Ablegen des Oberkörpers werden die Bauchmuskeln trainiert.

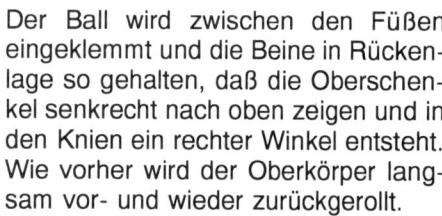

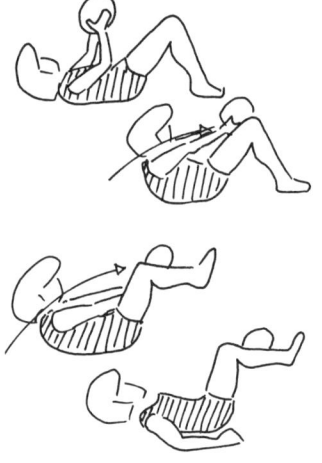

Variationen sind rhythmische Übungen, bei denen der Ball vor- und wieder zurückgeführt wird. Im ersten Beispiel wird er mit beiden Händen gehalten und bei jedem Vorrollen zwischen die Knie nach vorne geführt. Im zweiten Beispiel wird er beim ersten Vorrollen zwischen den Unterschenkeln eingeklemmt und beim nächsten Vorrollen wieder herausgenommen.

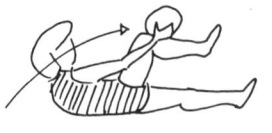

Etwas verändert wird die Übung, wenn mit dem Vorrollen aus der Rückenlage immer nur ein Bein angewinkelt wird und der Ball jeweils kurz auf das angezogene Knie gelegt wird. Auch bei dieser Übung ist zu beachten, daß die Lendenwirbelsäule immer am Boden bleibt.

Geschicklichkeit ist gefordert, wenn mit den senkrecht angehobenen Beinen Scherbewegungen durchgeführt werden und dabei der Ball von einer Seite zur anderen durch die Beine geschoben wird.

Die schräge Bauchmuskulatur wird beansprucht, wenn das Aufrollen zur Seite hin erfolgt. Um beide Seiten zu trainieren, wird mal nach links und mal nach rechts hin aufgerollt.

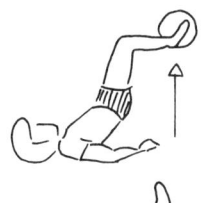

Deutlich anstrengender sind die Bauchmuskelübungen, bei denen der zwischen den Beinen eingeklemmte Ball senkrecht nach oben wandern soll. Wer es ohne Zurückrollen schafft, sorgt auch für eine angemessene Belastung der Schultermuskulatur. Der Ball kann dabei zwischen den Knien oder zwischen den Füßen eingeklemmt werden.

Eine abwechselnde Belastung von Bauch- und Gesäßmuskulatur wird erreicht, wenn nach jedem Vor- und Rückrollen des Oberkörpers eine Nackenbrücke eingenommen wird. Der zwischen den Füßen eingeklemmte Ball ist bei der Bauchmuskelübung oben, bei der Gesäßmuskelbeanspruchung unten.

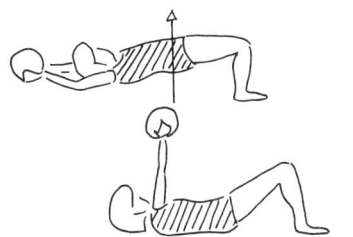

Bei rhythmischer Arbeit aus der Rückenlage in die Nackenbrücke kräftigen wir die Gesäßmuskulatur und auch die hintere Oberschenkelmuskulatur. Dabei wird der Ball beim Absenken in die Rückenlage hochgeführt und beim Hochdrücken in die Nackenbrücke nach hinten abgelegt.

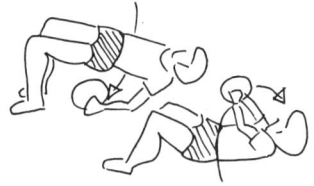

Jetzt kreist der Ball um den Körper herum. In der Nackenbrücke wird er unter dem Körper durchgerollt und beim Ablegen in die Rückenlage wieder zur anderen Seite gehoben.

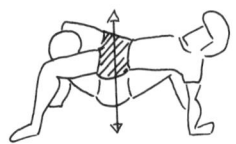

Bei der Brücke rücklings wird zusätzlich auch noch die Schultermuskulatur beansprucht. Mit zwischen den Knien eingeklemmtem Ball wird die Hüfte gesenkt und wieder bis zur Streckung angehoben.

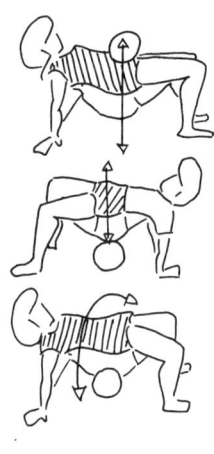

In langsamer, vorsichtiger Ausführung geschieht das, wenn der Ball dabei auf dem Bauch balanciert wird. Die Aufgabe kann aber auch so abgewandelt werden, daß der Ball auf dem Boden liegt und bei jedem Absenken kurz berührt wird. Eine andere Möglichkeit ist das Absenken seitlich neben den Ball, und zwar im Wechsel zunächst links, dann rechts.

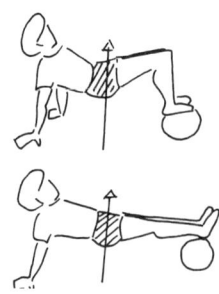

Angemessene Kraftreize werden auch durch statische Belastungen gesetzt. So etwa, wenn die Brücke rückwärts mit beiden Füßen auf dem Ball eine zeitlang gehalten und ausbalanciert wird. Interessant ist auch der Liegestütz rücklings mit Fußstütz auf dem Ball.

Eine Variation ist die einbeinige Ausführung. Dabei wird der Ball z.B. auf
dem Bauch balanciert. Um auch die
Schienbeinmuskulatur zu beanspruchen, wird die Fußspitze des ausgestreckten Beines angezogen.

Die Stützmuskulatur wird erheblich
beansprucht, wenn im Stütz rücklings
Beinbewegungen ausgeführt werden.
Dabei kann der Ball als orientierendes
Hindernis genutzt werden. Die Beine
werden über den Ball hin- und herge-
hoben.

Noch mehr kommt die Schultermuskulatur ins Spiel, wenn in der Brücke
rückwärts Kreisbewegungen ausgeführt werden. Das kann in ganz unterschiedlicher Weise geschehen. Bei
unserem ersten Beispiel wird der Ball
zwischen den Füßen eingeklemmt,
während die Arme um die Füße krei-
sen, im zweiten Beispiel kommt es
zum Krebsgang im Kreis, bei dem der
Ball auf dem Bauch balanciert wird.

Die Stützmuskulatur, insbesondere
aber auch die stabilisierende Bauchmuskulatur werden bei Aufgaben im
Vorderstütz beansprucht. Beim Liegestütz mit Füßen auf einem Ball wird die
gesamte Haltemuskulatur angespannt.

Der Ball wird im Liegestütz von einer
Seite auf die andere gerollt und dann
beim Absenken in die Bauchlage über
den Rücken wieder zurückgerollt.

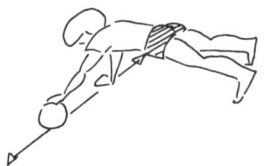

Eine Variation ist das Hin- und Herrollen des Balles mit den Händen. Wichtig bei allen Liegestützübungen ist, daß die Kraftfähigkeit schon so weit entwickelt ist, daß der Körper im Schulter- und im Hüftbereich stabil gehalten werden kann.

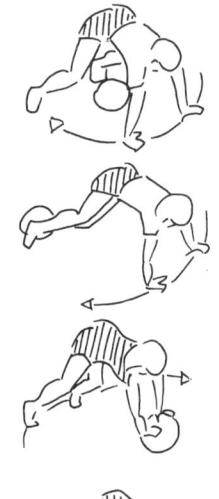

Die notwendige Stabilität wird leichter aufgebracht, wenn auf allen vieren um einen Ball herumgelaufen wird oder wenn der Ball zwischen die Füße geklemmt wird und mit den Armen um die Füße herumgelaufen wird. Mit beidarmigem Stütz auf dem Ball können auch die Beine um den Ball herumlaufen.

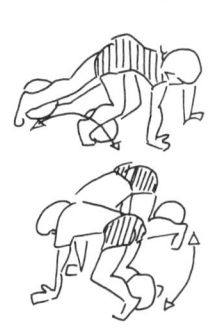

Gewandtheit verlangt die Aufgabe, mit dem zwischen den Füßen eingeklemmten Ball im Stütz vor- und zurück- oder hin- und herzuspringen.

Anstrengend ist es, sich wie ein "Seelöwe" vorwärts zu bewegen. Dabei wird der Ball zwischen die Füße geklemmt und die Hüfte leicht angehoben.

Die Bauchmuskulatur hilft, wenn aus dem Kniestand mit beiden Händen auf dem Ball in den Hochstütz gedrückt wird.

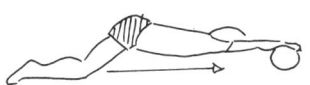

Eine deutliche Kraftleistung muß erbracht werden, wenn der Oberkörper aus dem Kniestand langsam nach vorne rollt. Bei entsprechenden Kraftfähigkeiten kann auch vor- und zurückgerollt werden.

In Bauchlage kann die Schultermuskulatur und die gesamte Rückenmuskulatur gekräftigt werden. Dabei sollte der Kopf immer unten gehalten werden, damit weder der Lenden-, noch der Nackenbereich verspannt.

Der Ball wird mit beiden Händen und vorgestreckten Armen vom Boden angehoben. Der Kopf macht diese Bewegung nicht mit. Gesäßmuskulatur und unterer Rückenstrecker werden ganz besonders beansprucht, wenn zusätzlich ein Bein angehoben wird.

Der Ball wandert mit gestreckten Armen vor dem Kopf hin und her, wobei er nach jedem Ausschlag kurz abgelegt wird.

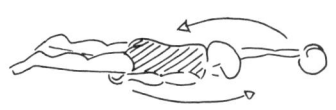

Jetzt wird der Ball vorne abgelegt. Die Arme werden wie beim Kraulen wechselseitig vorgehoben und die Hände über den Ball geführt.

Besondere Beanspruchungen der seitlichen Hüftmuskulatur, die insgesamt nur schwach entwickelt ist, sind mit Übungen in der Seitlage und im Seitliegestütz verbunden. Von der Seitlage über den Unterarmstütz bis hin zum Stütz sind die Übungen mit einer steigenden Kraftbeanspruchung der Stützmuskulatur verbunden. Alle folgenden Aufgaben sollten zu beiden Seiten ausgeführt werden.

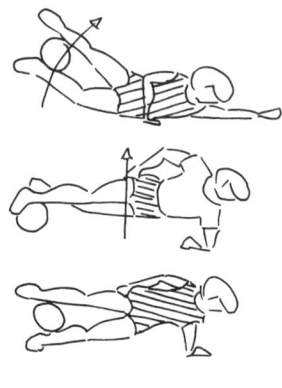

Der Ball wird zwischen den Füßen eingeklemmt und dann in der Seitlage angehoben. Die Endposition wird gehalten oder aber die Bewegung rhythmisch im Auf-und-Ab durchgeführt.

Beide Füße werden mit gekreuzten Beinen auf den Ball gelegt und dann der Körper in den Seitliegestütz auf dem Unterarm gehoben. Ganz ähnlich ist die Übung, wenn der Ball nur zwischen die Füße geklemmt wird.

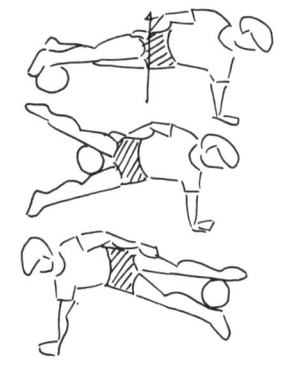

Der Seitliegestütz muß ausbalanciert werden, wenn er mit gestrecktem Arm ausgeführt wird. Dabei kann der Ball zwischen die Füße oder zwischen die Oberschenkel geklemmt werden.

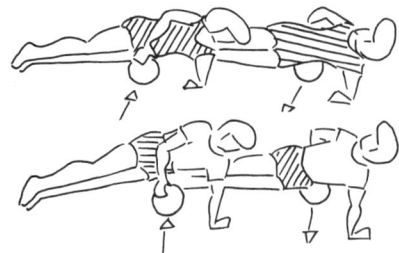

Eine Variation ist das Vor- und Zurückrollen des Balles im Seitliegestütz. Auch diese Aufgabe kann im Unterarmstütz oder im Handstütz durchgeführt werden.

... zu zweit mit einem Ball

Das Üben zu zweit mit einem Ball ist eine häufig gewählte Organisationsform bei allen Ballspielen. Es bereitet keine Schwierigkeiten, die rumpfkräftigenden Übungen dann auch paarweise durchzuführen.

Die Übenden bewegen sich im Vierfüßlergang und rollen sich den Ball mit
den Händen zu.

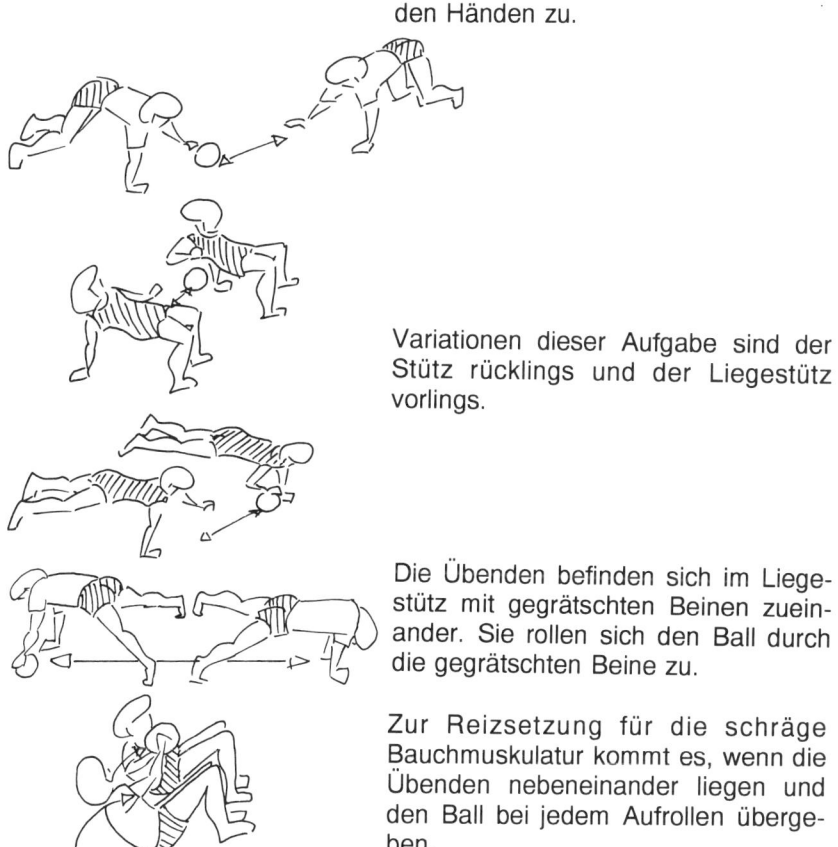

Variationen dieser Aufgabe sind der
Stütz rücklings und der Liegestütz
vorlings.

Die Übenden befinden sich im Liegestütz mit gegrätschten Beinen zueinander. Sie rollen sich den Ball durch
die gegrätschten Beine zu.

Zur Reizsetzung für die schräge
Bauchmuskulatur kommt es, wenn die
Übenden nebeneinander liegen und
den Ball bei jedem Aufrollen übergeben.

Die Übenden liegen in Rückenlage
gegenüber und haben die Beine angehoben. In dieser Position passen sie
sich den Ball unter leichtem Anheben
des Oberkörpers zu.

Diese Aufgabe kann auch wechselseitig von beiden Übenden gleichzeitig erfüllt werden. Der Ball wird bei jedem Hochrollen übergeben. Um eine gleichmäßige Beanspruchung der Bauchmuskulatur zu erreichen, wird nach einigen Versuchen die Seite gewechselt.

In der Nackenbrücke rollen die Übenden den Ball unter ihren Körpern durch und heben ihn dann beim Absenken in die Rückenlage wieder zur anderen Seite.

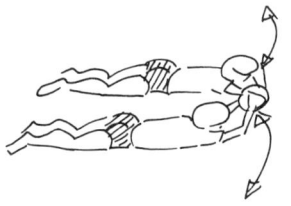

Die Partner liegen nebeneinander auf dem Bauch. Sie heben den Ball mit gestreckten Armen vor dem Kopf hin und her.

Abwechselnd arbeiten die Partner bei funktionalen Kraftübungen. Wenn der Übende sich bei fixierten Beinen mit vorgebeugtem Oberkörper langsam nach vorne bewegt, werden hauptsächlich die hinteren Oberschenkelmuskeln belastet. Wenn der Oberkörper zusätzlich gedreht wird, wird der untere Rücken mehr beansprucht.

Die schrägen Bauchmuskeln leisten die Arbeit, wenn der Ball nach Hochrollen aus der Rückenlage einem seitlich knienden Partner übergeben und beim nächsten Hochrollen dort wieder abgeholt wird.

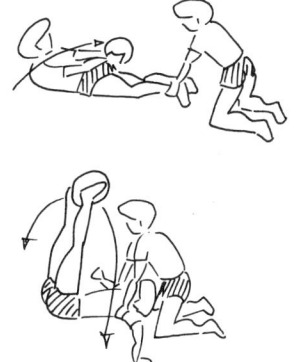

Ein Partner befindet sich in Seitlage. Die gekreuzten Beine werden vom Partner auf dem Boden fixiert. In langsamer Bewegungsausführung wird der Oberkörper mit dem Ball vorweg seitlich angehoben und wieder abgesenkt.

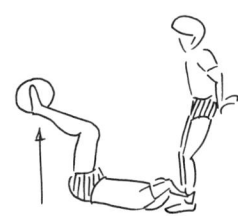

In Rückenlage ist der "Scheibenwischer" eine interessante Aufgabe. Dabei wird der zwischen den Füßen eingeklemmte Ball mit den Beinen hin und her bewegt. Der Partner fixiert die Schultern auf dem Boden.

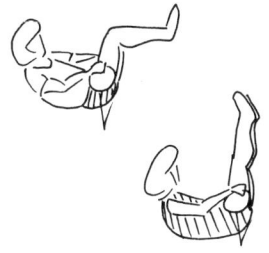

Eine herausfordernde Übung ist das Anheben des zwischen die Füße geklemmten Balles in der Rückenlage. Der Übende greift dabei um die Unterschenkel des Partners.

... mit Prellen des Balles

Eine originelle Variante ist die Verbindung von Kraftübungen mit dem Prellen des Balles.

Zur Kräftigung des Bauches wird der Oberkörper in Rückenlage aufgerollt und dabei ein Ball geprellt. Die Beine werden angewinkelt oder gestreckt hochgehalten.

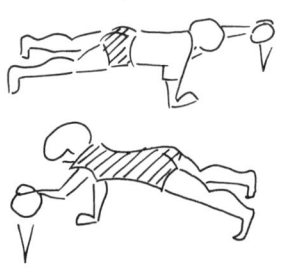

Die gesamte Haltemuskulatur wird beansprucht, wenn der Ball im Liegestütz oder Unterarmliegestütz geprellt wird.

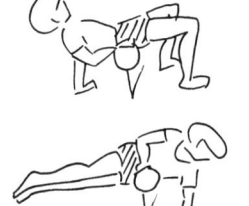

Geprellt werden kann der Ball auch im Stütz rücklings und im Seitliegestütz, der auf dem Unterarm oder mit gestrecktem Arm auf der flachen Hand abgestützt wird.

Wird der Oberkörper in Bankstellung mit weit vorgesetzter Hand abgestützt, müssen Schulter- und Rückenmuskulatur für eine stabile Position sorgen, in der der Ball mit der anderen Hand geprellt werden kann.

In der Bankstellung wird ein Bein angehoben und nach hinten weggestreckt und der Ball mit der Hand des gegenüber liegenden Armes geprellt.

Beim Prellen in der Bauchlage wird schwerpunktmäßig die Schultermuskulatur beansprucht.

... mit dem Bananenkarton

In der Leichtathletik hat sich der Bananenkarton inzwischen einen festen Platz erkämpft. Bei einem Bestand in Höhe der Schülerzahl läßt er sich ähnlich wie der Ball in vielen Variationen einsetzen. Er ist leicht und handlich und stellt auch ein deutliches Hindernis dar. Ihn auch für rumpfkräftigende Aufgaben zu nutzen, ist auch deshalb von besonderer Bedeutung, weil sich draußen auf dem Platz kaum Gelegenheiten für solche Reizsetzungen ergeben oder diese hier oft schlichtweg vergessen werden.

Auf allen vieren seitwärts über den Karton

Im Krebsgang über den Karton

Hockwenden hin und her über das Kartonende

Hockwenden hin und her über das Kartonende mit einbeinigem Abdruck vom Boden

Aufrollen aus der Rückenlage. Die Lendenwirbelsäule bleibt vollständig am Boden.

Aufrollen aus der Rückenlage. Der Karton
wird zwischen den senkrecht aufgestellten
Beinen gehalten.

Aufrollen aus der Rückenlage abwechselnd
nach links und nach rechts. Auch hierbei
bleibt die Lendenwirbelsäule vollständig am
Boden.

Den in der Rückenlage zwischen die Beine
geklemmten Karton senkrecht anheben

Den auf der Hüfte liegenden Karton im
Stütz rücklings bis zur Hüftstreckung
anheben

Wie vorher mit Vorstrecken eines Beines.
Die Fußspitze des gehobenen Beines wird
zusätzlich angezogen.

Interessante Varianten sind Partnerübungen. Je zwei haben einen Karton.

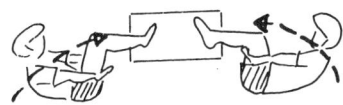

Die Partner liegen sich auf dem Rükken gegenüber. Sie haben den Karton so zwischen ihre Beine geklemmt, daß ihre Oberschenkel senkrecht stehen. Aus dieser Position heraus rollen sie ihre Oberkörper zueinander auf. Die Lendenwirbelsäulen bleiben fest am Boden.

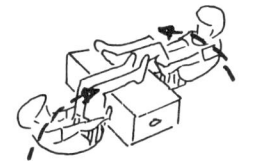

Die Partner liegen sich an einem Karton versetzt gegenüber. Sie rollen ihre Oberkörper gleichzeitig oder im Wechsel zueinander auf.

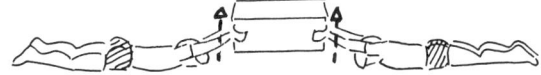

Die Partner liegen sich auf dem Bauch gegenüber. Mit langen Armen heben sie den zwischen ihnen liegenden Karton hoch. Die Köpfe werden dabei nicht mit angehoben.

... mit dem Stab

Das Stabspringen gehört zu den interessanten Aufgaben der Leichtathletik. Die dabei ausgeführten Bewegungen fordern die Rumpfkraft in vielfältiger Weise heraus. Der Stab hat aber auch als Trainingsgerät einen besonderen Reiz. Die wegen seiner Länge mögliche Gruppenarbeit hat einen spielerischen Charakter.

Für alle Aufgaben in der Vorwärtsbewegung legt der Stab die Länge der Strecke fest.

Auf allen vieren

Im Krebsgang

Im Krebsgang seitwärts

Die folgenden Übungen können im rhythmischen Wechsel von Spannung und Entspannung oder in den Endpositionen haltend ausgeführt werden. Die rhythmische Arbeit erfolgt mit langsamen Bewegungsausführungen.

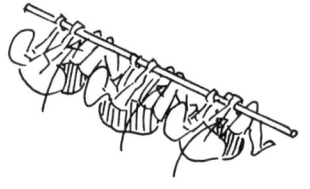

Die Gruppe liegt auf dem Rücken. Die Beine sind angehoben und der Stab wird mit beiden Händen erfaßt. In dieser Position wird der Oberkörper aufgerollt und der Stab vorgeschoben.

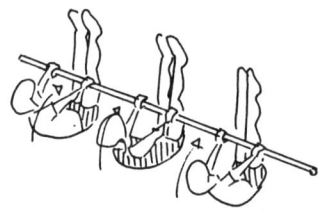

In Rückenlage sind die Beine gestreckt angehoben. Der Oberkörper wird aufgerollt und der mit beiden Händen gefaßte Stab vorgeschoben.

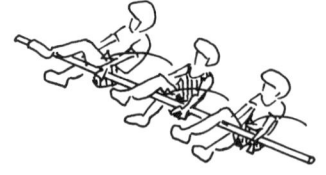

Jetzt wird der Stab zwischen den Unterschenkeln eingeklemmt und die Oberkörper aus der Rückenlage in Richtung des Stabes aufgerollt.

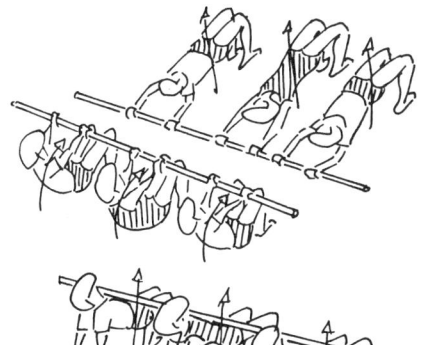

Im rhythmischen Wechsel erfolgt das Vorschieben des Stabes aus der Rückenlage und das Heben in die Nackenbrücke mit Ablegen des Stabes nach hinten.

Der Stab liegt quer über den Bäuchen der Übenden, die sich im Stütz rücklings befinden. Er wird mit den Hüften nach oben gedrückt.

Zusätzlich zur Hüftstreckung wird ein Bein nach vorne ausgestreckt.

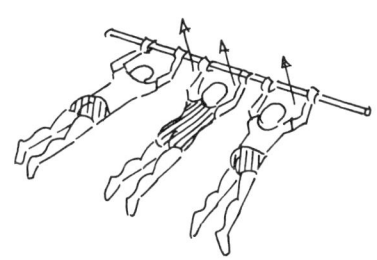

Die Übenden liegen nebeneinander auf dem Bauch und haben den Stab mit vorgestreckten Armen erfaßt. Sie heben den Stab mit den Armen an, die Köpfe bleiben unten.

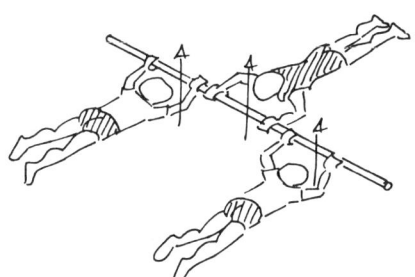

Die Übenden liegen sich am Stab in Bauchlage gegenüber. Wie vorher wird der Stab mit den vorgestreckten Armen angehoben.

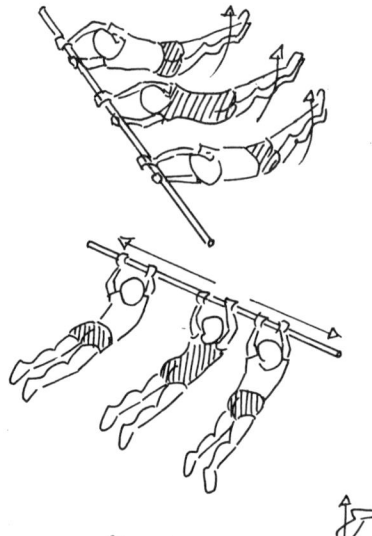

Die Übenden liegen in Seitlage und halten sich am Stab fest. Sie heben die geschlossenen Beine seitlich an.

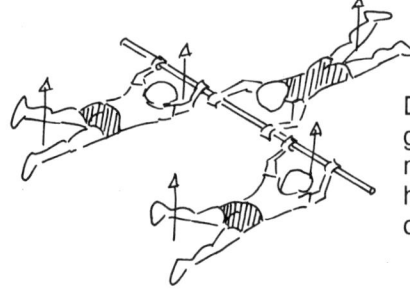

Die Übenden liegen nebeneinander in Bauchlage und haben den Stab vorne mit ausgestreckten Armen erfaßt, sie heben den Stab abwechselnd nach links und nach rechts.

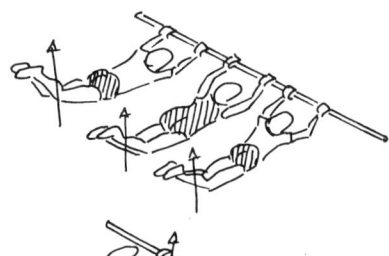

Die Übenden liegen in Bauchlage gegenüber und haben den Stab vorne mit ausgestreckten Armen erfaßt. Sie heben den Stab und je ein Bein nach oben.

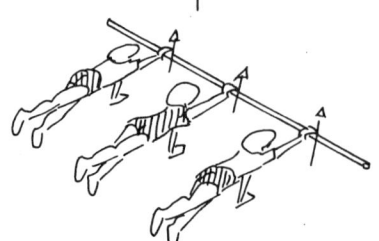

Die Übenden liegen nebeneinander auf dem Bauch und haben den Stab vorne mit ausgestreckten Armen erfaßt. Sie heben ihre Beine an. Die Oberkörper bleiben dabei unten.

Die Übenden befinden sich im Liegestütz. Sie heben den Stab mit einer Hand vorhoch und zusätzlich ein Bein an.

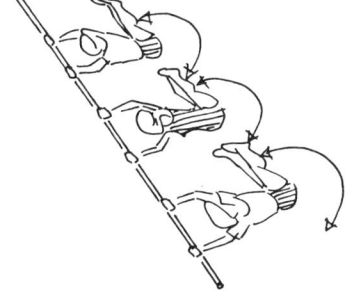

Die Übenden liegen nebeneinander in Rückenlage mit festem Griff am Stab und führen "Scheibenwischer" aus.

Wie vorher, nur liegen die Übenden jetzt auf verschiedenen Seiten des Stabes.

Verschiedene Programme

Im Mittelpunkt der Programme stehen funktionale Übungen zur Stabilisierung der Rumpfmuskulatur. Diese werden haltend oder langsam dynamisch ausgeführt. Die erforderliche Exaktheit der Übungen geht mit erheblichen Konzentrationsanforderungen einher, die von Schülerinnen und Schülern erfahrungsgemäß nur dann erbracht werden, wenn es gelingt, ansprechende Verpackungen zu finden. Ein wichtiges Hilfsmittel ist die Musik. Mit Intervallprogrammen, deren zeitliche Dimensionen von Musik abgemessen werden, kann der Rahmen des Trainings jugendgemäß gestaltet werden. Dabei sind ganz unterschiedliche Zuschnitte möglich. So kann z.B. die "Arbeitszeit" ohne Musik oder mit ruhiger Musik unterlegt werden. In den Pausen haben wir gute Erfahrungen mit Laufmusik gemacht, bei der nach 160 Schlägen pro Minute locker getrabt werden kann. Die vorbereitete Intervallmusik nimmt dem Lehrer jede Organisation ab und macht ihn frei für die Beobachtung der Bewegungsausführungen und notwendige Korrekturen.

Stabilisierungsübungen im Intervall 30:30

Bei diesem Programm besetzen je zwei Schüler eine Matte als weichen Untergrund für die Stabilisierungsübungen. Die Intervallarbeit wird durch vorbereitete Musik im Verhältnis 30:30 organisiert. Am Beginn stehen 30 Sekunden Laufmusik mit lockerem Trab durch die Matten. Während der dann folgenden 30 Sekunden, die ohne Musik oder bei dynamischen Bewegungsausführungen auch mit rhythmischer Popmusik gestaltet sind, werden dann die Stabilisierungsübungen absolviert. Nach jeweils 30 Sekunden folgt wieder Laufmusik zum erholenden Traben usw..

Das Programm kann so organisiert werden, daß die Paare immer wieder zu ihren Matten zurückkehren und dann alle das gleiche machen oder daß die Aufgaben von Matte zu Matte wechseln. Für letztere Organisationsform werden z.B. Arbeitskarten mit anschaulichen Darstellungen der Übungsformen an den Stationen ausgelegt (vgl. MEDLER 1992).

Aufrollen aus der Rückenlage. Die Lendenwirbelsäule bleibt vollständig am Boden.

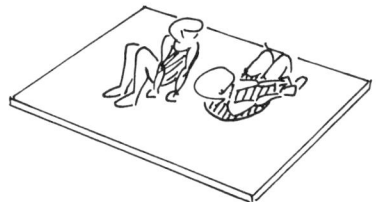

Aufrollen aus der Rückenlage zu einer Seite. Die Lendenwirbelsäule bleibt vollständig am Boden.

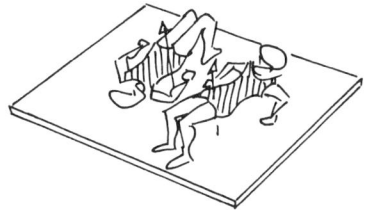

Nackenbrücke mit Anheben der Hüfte bis zur Streckung

Nackenbrücke mit Anheben der Hüfte bis zur Streckung und Vorstrecken eines Beines mit angezogener Fußspitze

Unterarmliegestütz mit Anheben eines Beines mit angezogener Fußspitze

Seitliegestütz auf dem Unterarm

Liegestütz rücklings auf den Unterarmen

Liegestütz rücklings auf den Unterarmen mit Anheben eines Beines mit angezogener Fußspitze

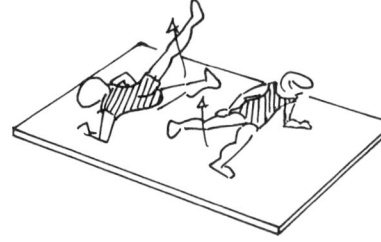

Seitliegestütz auf dem Unterarm mit Anheben eines Beines

Brücke rücklings mit Anheben der Hüfte bis zur Streckung

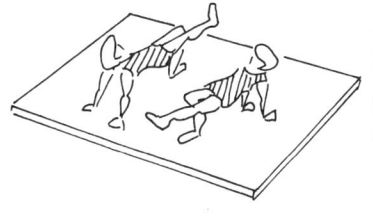

Brücke rücklings mit Anheben der Hüfte bis zur Streckung und Vorstrecken eines Beines mit angezogener Fußspitze

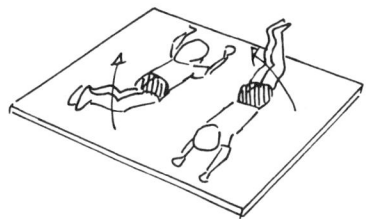

Anheben beider Beine in der Bauchlage

Stabilisierungsübungen an der Bank

Die Bank ist auch für Stabilisierungsübungen ein ideales Trainingsgerät. Sie unterstützt die einzunehmenden Positionen in besonderer Weise und bietet einen hervorragenden Organisationsrahmen, weil der Ort des

Geschehens immer eindeutig bestimmt ist. In unserem Beispiel besetzen je vier Schüler als Gruppe eine Bank. Die Trainingsarbeit ist mit einer Intervallmusik organisiert, in der Trabphasen zur Erholung und statische Trainingsarbeit einander abwechseln. Die Gruppen kehren am Ende der Erholungszeit jeweils zu *ihrer* Bank zurück oder wechseln von Bank zu Bank die Aufgabe in Art eines Kreisdurchganges. Bei letzterer Organisation können Arbeitskarten mit anschaulichen Hinweisen über die Trainingsübungen wichtige Hilfmittel sein.

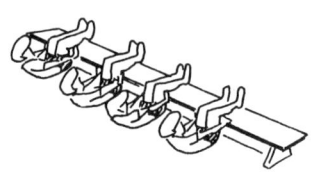

Aufrollen des Oberkörpers. Die Beine sind mit senkrechten Oberschenkeln über die Bank gehängt. Die Lendenwirbelsäule bleibt vollständig am Boden.

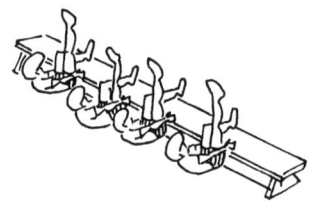

Aufrollen des Oberkörpers. Ein Bein ist senkrecht hochgestreckt.

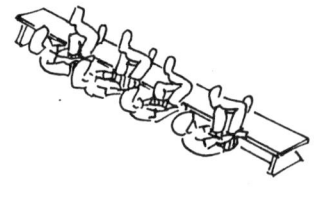

Aufrollen des Oberkörpers. Die Beine sind übereinandergeschlagen.

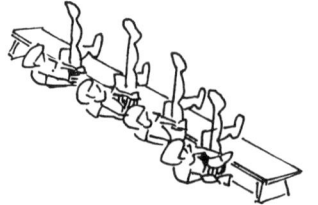

Aufrollen des Oberkörpers zu einer Seite. Ein Bein ist senkrecht aufgestellt.

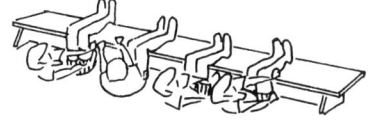

Aufrollen des Oberkörpers zu einer Seite. Die Lendenwirbelsäule bleibt vollständig am Boden.

Anheben der Hüfte in die Nakkenbrücke. Die Füße stehen auf der Bank.

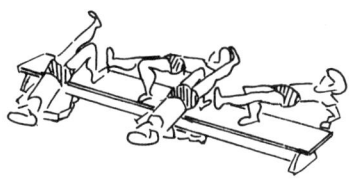

Anheben der Hüfte in die Nakkenbrücke mit Vorstrecken eines Beines. Die Fußspitze des gestreckten Beines ist angezogen.

Anheben der Hüfte im Stütz rücklings. Die Füße stehen auf der Bank.

Anheben der Hüfte im Stütz rücklings mit Vorstrecken eines Beines. Die Fußspitze des vorgestreckten Beines ist angezogen.

Ausstrecken eines Beines aus der Bauchlage auf der Bank. Das gebeugte Bein hat keine Bodenberührung.

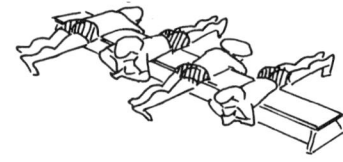

Ausstrecken beider Beine aus der Bauchlage auf der Bank

Liegestütz mit den Händen auf der Bank und den Füßen am Boden

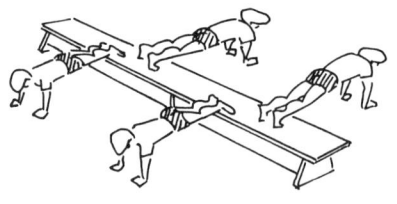

Liegestütz mit beiden Füßen auf der Bank und Stütz auf dem Boden

Liegestütz mit den Händen auf der Bank und Abstützen nur eines Beines. Das zweite Bein ist zum Körper hin angezogen.

Stütz rücklings mit gestrecktem Körper und den Händen auf der Bank

Stütz rücklings mit gestrecktem Körper und den Füßen auf der Bank

Unterarmstütz rücklings mit den Füßen auf der Bank

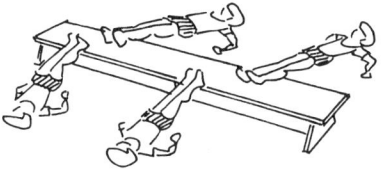

Nackenlage mit gestreckter Hüfte und Füßen auf der Bank

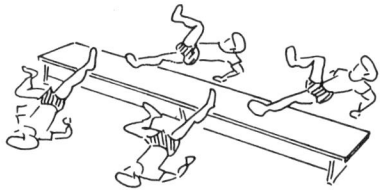

Nackenlage mit gestreckter Hüfte. Der Körper wird nur mit einem Fuß auf der Bank abgestützt, das zweite Bein ist gebeugt.

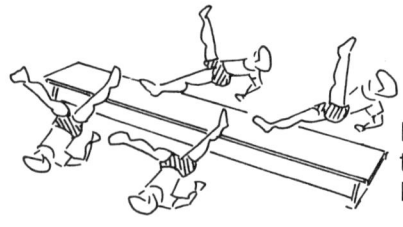

Nackenlage mit gestreckter Hüfte und gestreckt angehobenem Bein

Stütz rücklings mit gestreckter Hüfte, Stütz auf der Bank und gestreckt angehobenem Bein

Stütz rücklings mit gestreckter Hüfte, einem Fuß auf der Bank und gestreckt angehobenem Bein

Liegestütz mit einem Fuß auf der Bank und gestreckt angehobenem Bein

Liegestütz mit einem Bein auf der Bank. Das andere Bein ist gestreckt seitlich angehoben.

Seitliegestütz mit einarmigem Stütz auf der Bank

Seitliegestütz mit einarmigem Stütz auf der Bank und Abspreizen eines Beines

Seitliegestütz auf dem Unterarm mit beiden Füßen auf der Bank. Die Hüfte ist gestreckt.

Seitliegestütz auf dem Unterarm mit einem Bein auf der Bank und Abspreizen eines Beines

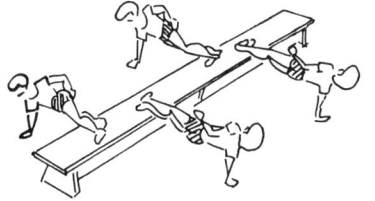

Seitliegestütz mit einarmigem Stütz am Boden

Rhythmische Arbeit an kleinen Kästen

Eine Variante der dargestellten Intervallarbeit ist die rhythmische Ausführungsweise mit einem Wechsel von Anspannung und Entspannung, eine Variante in der Gerätewahl der kleine Kasten. In langsamen Bewegungen wird in die Endpositionen hineingearbeitet, diese kurz gehalten und dann durch Absenken in die Ausgangspositionen wieder entspannt. Auch dieses Training wird in Intervallen organisiert, so daß nach jeder Übung wieder eine angemessene Erholung gewährt wird. Die Gruppenarbeit ist dann besonders motivierend, wenn die Übungen synchron ausgeführt werden. Der kleine Kasten ist im Gegensatz zur Bank ein sehr komfortables Trainingsgerät. Er kann bei vielen der mit Paaren dargestellten Übungen mit bis zu vier Personen belegt werden.

Aufrollen und Absenken in der Rückenlage. Die Beine sind mit senkrecht gehaltenen Oberschenkeln über den Kasten gehängt.

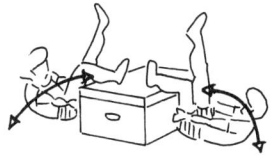

Aufrollen und Absenken in der Rückenlage. Ein Bein ist senkrecht aufgestellt.

Aufrollen aus der Rückenlage im Wechsel zur linken und zur rechten Seite. Die Beine sind über den Kasten gehängt.

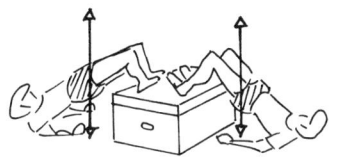

Heben und Senken der Hüfte in der Nackenlage mit den Füßen auf der Bank

Heben und Senken der Hüfte in der Nackenlage mit einem Fuß auf dem Kasten und einem vorgestreckten Bein

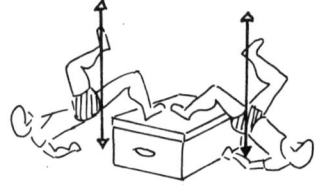

Heben und Senken der Hüfte in der Nackenlage mit einem Fuß auf dem Kasten und einem zum Oberkörper hin angewinkelten Bein

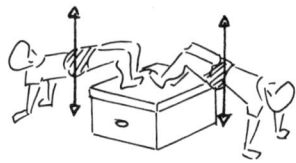

Heben und Senken der Hüfte im Stütz rücklings mit den Füßen auf dem Kasten

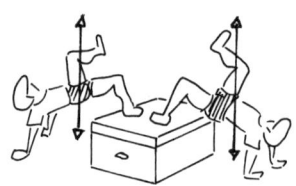

Heben und Senken der Hüfte im Stütz rücklings mit einem Fuß auf dem Kasten und wechsel-seitigem Anheben eines Beines

Wechselseitiges Wegstrecken eines Beines in der Bauchlage über dem Kasten

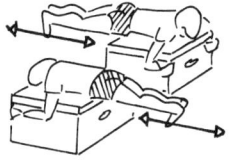

Wegstrecken und Anziehen beider Beine in der Bauchlage über dem Kasten

Heben und Senken der Hüfte im Seitliegestütz auf dem Unterarm mit den Füßen auf dem Kasten

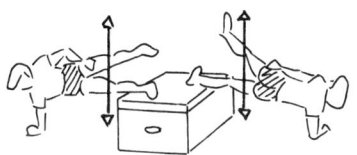

Heben und Senken der Hüfte im Seitliegestütz auf dem Unterarm mit Hochspreizen eines Beines

Liegestütz rücklings mit Stütz auf dem Kasten

Liegestütz rücklings mit Stütz auf dem Kasten und Anheben eines Beines

Liegestütz mit gebeugten Beinen und Knien auf dem Kasten

"Auf und Ab" an der Bank

Eine Variante des rhythmischen Trainings ist die Gestaltung eines "Auf und Ab" von zwei Teilgruppen an einer Bank. Dafür wird die an einer

Bank arbeitende Gruppe in zwei Teile eingeteilt. Diese führen die Übungen auf verschiedenen Seiten der Bank im rhythmischen Wechsel in der Weise aus, daß die eine Teilgruppe immer dann oben ist, wenn die andere Gruppe unten ist. Derartig abgestimmte rhythmische Arbeit gelingt ganz besonders gut, wenn auch für das Trainingsintervall Musik eingespielt wird. Während die Erholung wieder nach Laufmusik durchgeführt wird, eignet sich für die rhythmische Arbeit gängige Popmusik mit 120 bis 130 Schlägen. Die Gestaltung des Musikbandes kann so vorgenommen werden, daß die einzelnen Musikintervalle durch eine deutliche Pause (z.B. 3 sec.) voneinander abgetrennt sind.

"Auf und ab" mit Aufrollen aus der Rückenlage

"Ran und weg" mit Wegstrecken beider Beine in der Bauchlage auf der Bank

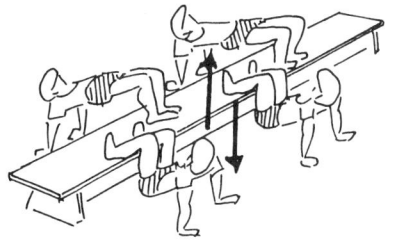

"Auf und ab" mit Hochdrücken der Hüfte im Stütz rücklings und beiden Füßen auf der Bank

"Auf und ab" im Liegestütz mit den Händen auf der Bank

"Auf und ab" im Liegestütz rücklings mit den Händen auf der Bank

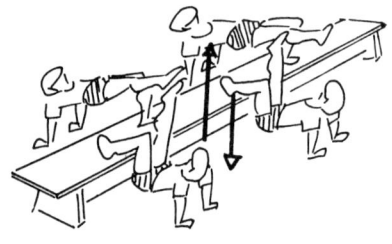

"Auf und ab" mit Hochdrücken der Hüfte und Wegstrecken eines Beines im Stütz rücklings

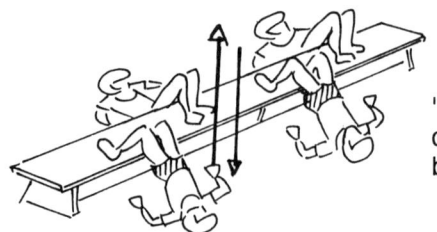

"Auf und ab" mit Hochdrücken der Hüfte in der Nackenlage mit beiden Füßen auf der Bank

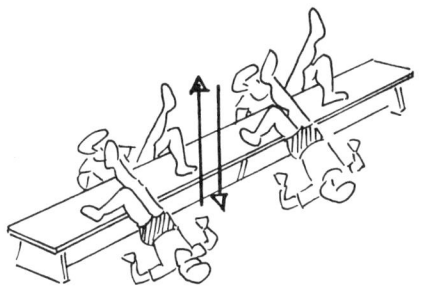

"Auf und ab" mit Hochdrücken
der Hüfte und Vorstrecken eines
Beines in der Nackenlage

Die rhythmische Abstimmung kann auch gruppenweise geschehen. Dabei arbeiten je zwei Gruppen an zwei verschiedenen Bänken zusammen. Die Bänke sind so zueinander aufgestellt, daß zusammenarbeitende Gruppen Blickkontakt haben. Sie stimmen ihre Bewegungen so aufeinander ab, daß ein rhythmisches "Auf und Ab" entsteht.

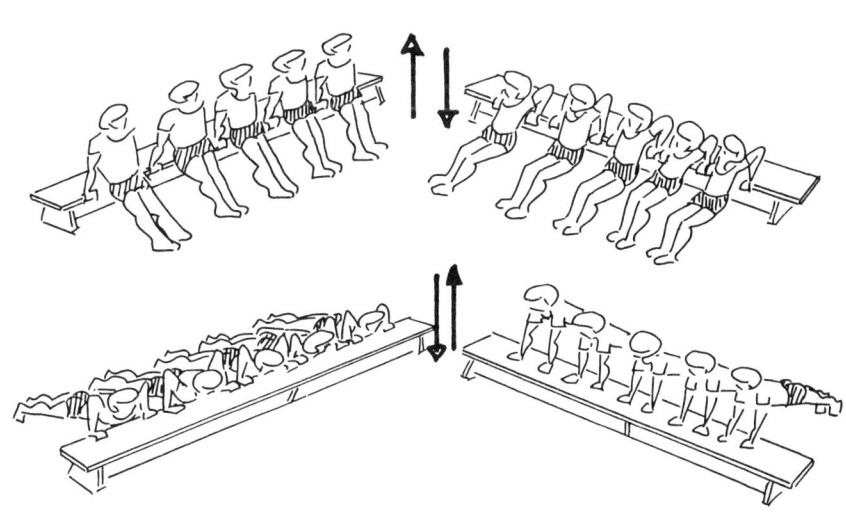

Rückenschule im Praxis-Theorie-Bezug

Bei den älteren Jahrgängen, den letzten Jahrgängen im allgemeinbildenden Schulwesen, an den berufsbildenden Schulen und in der gymnasialen Oberstufe, bekommt das Thema Rückenschule eine andere Dimension. Während bei den bisherigen Angeboten fast ausschließlich Kräftigung und Mobilisierung im Mittelpunkt standen, geht es jetzt um das gesamte funktionale System. In der Praxis sind das Mobilisieren, Dehnen, Kräftigen und Entspannen und in der Theorie ist es ein solides Hintergrundwissen.

In einem im Schwerpunkt praxisorientierten Unterricht auch theoretisches Hintergrundwissen zu vermitteln, stellt besondere Anforderungen an die Unterrichtsgestaltung. Besonders bewährt haben sich dafür Arbeitskarten oder Schülerarbeitsblätter als Träger der wichtigsten Informationen. Mit ihnen gelingt zunächst eine Bewußtmachung des Gegenstandes, d.h. des praktischen Tuns und der damit beabsichtigten Wirkungen.

Arbeitskarten, die mit anschaulichen Bilddarstellungen versehen sind, eignen sich darüber hinaus in besonderem Maße dafür, die Praxis in den Unterrichtsraum oder sie sogar mit nach Hause zu tragen. Die über dieses Medium zurückgerufene und erinnerte Praxis bietet einen treffenden Einstieg in die theoretische Erarbeitung und Vertiefung des Themas.

Aus einer sehr umfangreichen Darstellung an anderer Stelle (vgl. MEDLER 1992) sind im folgenden in zwei unterschiedlichen Programmen die Übungen ausgewählt, die in ihrer Zielsetzung und Wirkung die grundlegenden Prinzipien des Bewegungsangebots einer Rückenschule verdeutlichen.

1. Programm: *Am Boden*

Für die Durchführung dieses Programms werden Matten ausgelegt, die, je nach Anzahl der Teilnehmer, allein oder zu zweit besetzt werden. Für die Durchführung des Programms sind verschiedene Vorgehensweisen möglich:
1. Die Übungen werden von allen Teilnehmern gemeinsam in der Reihenfolge Mobilisieren, Kräftigen, Dehnen und Entspannen durchgeführt. Die Kräftigungsübungen können haltend oder rhythmisch im Wechsel von Anspannung und Entspannung durchgeführt werden. Die zeitliche Gestal-

tung des Übens kann mit einer vorbereiteten Musikkassette vorgenommen werden. Günstig ist eine Intervallmusik mit jeweils 30 Sekunden "Arbeitszeit", in der eine je nach Arbeitsweise ruhige oder rhythmische Musik spielt, und 10 bis 15 Sekunden Pause zur Vorbereitung der nächsten Übung.

2. Die Kräftigungs- und Dehnungsübungen werden im Stationsprinzip durchlaufen, lediglich die Mobilisierungsübungen zu Beginn des Programms und die Entspannungsübungen am Ende erfolgen gemeinsam. Für die Übungen des Kreisdurchganges werden die Arbeitskarten ausgelegt. Auch die Gestaltung dieser Vorgehensweise kann mit Musik unterstützt werden. Das geschieht z.B. in der Weise, daß nach jeweils 30 bis 60 Sekunden Arbeitszeit 30 bis 60 Sekunden Laufmusik für ein lockeres Traben eingespielt werden. Die Übungsausführungen im Kräftigungs- und Dehnungsteil können haltend oder im rhythmischen Wechsel von Anspannung und Entspannung erfolgen. Bei haltender Arbeit bietet sich das 30-Sekunden-Intervall an, bei rhythmischer das 60-Sekunden-Intervall.

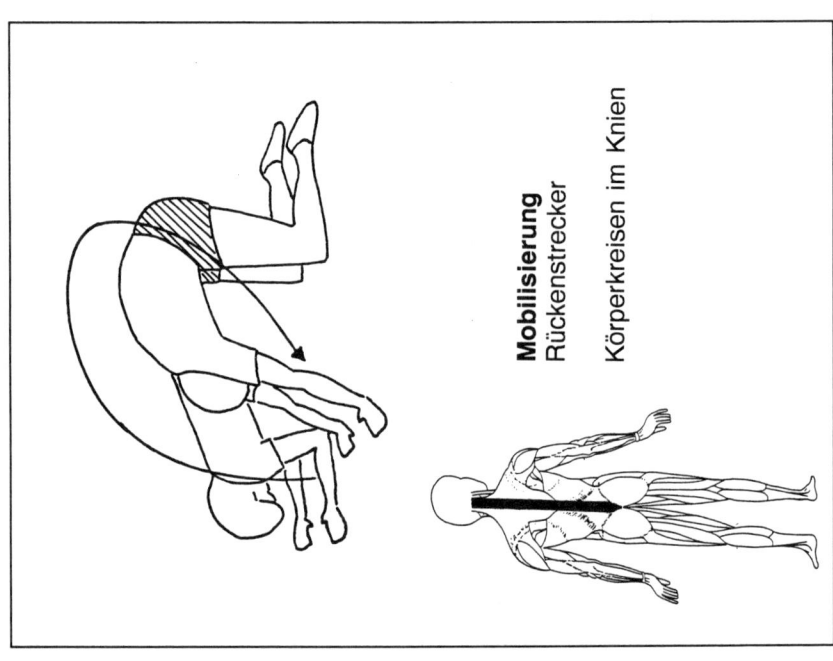

Mobilisierung
Rückenstrecker

Körperkreisen im Knien

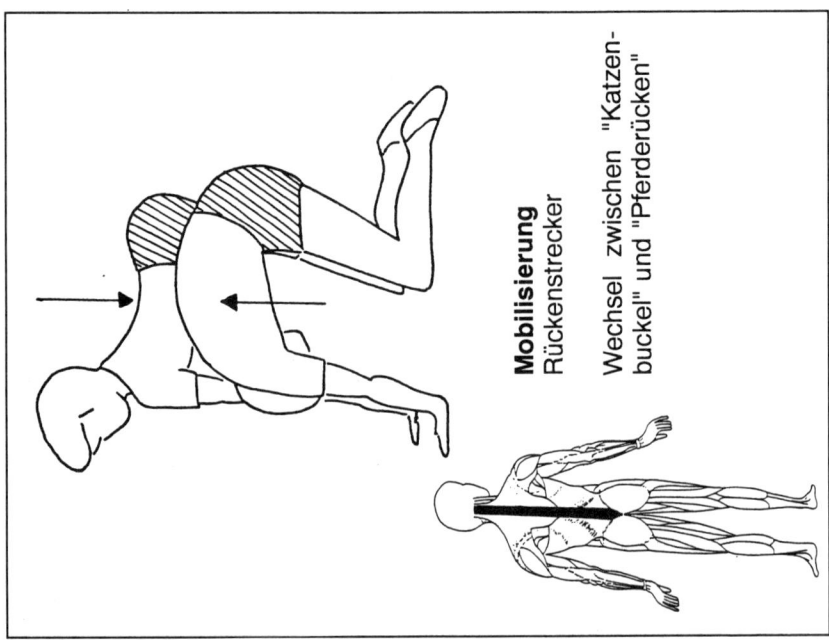

Mobilisierung
Rückenstrecker

Wechsel zwischen "Katzen-
buckel" und "Pferderücken"

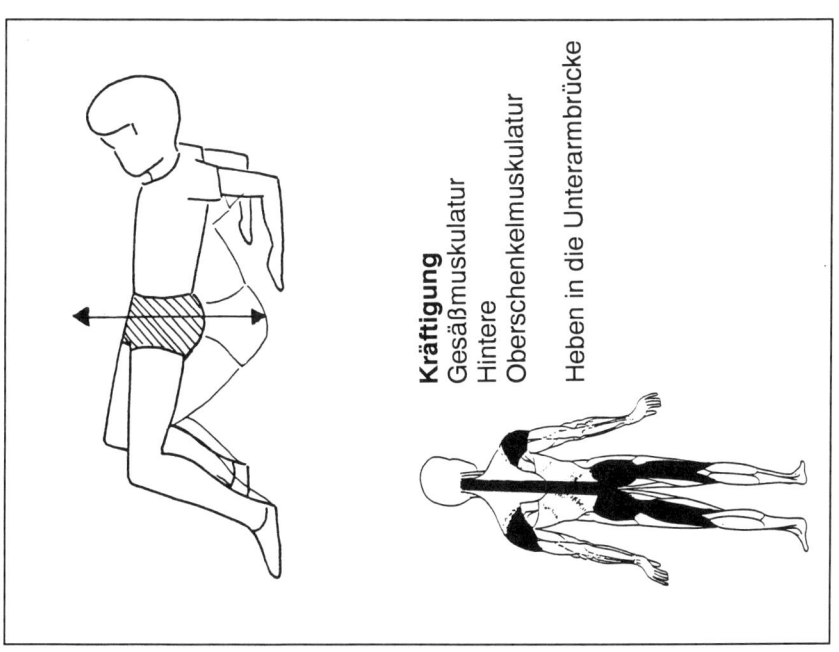

Kräftigung
Gesäßmuskulatur
Hintere Oberschenkelmuskulatur

Heben in die Unterarmbrücke

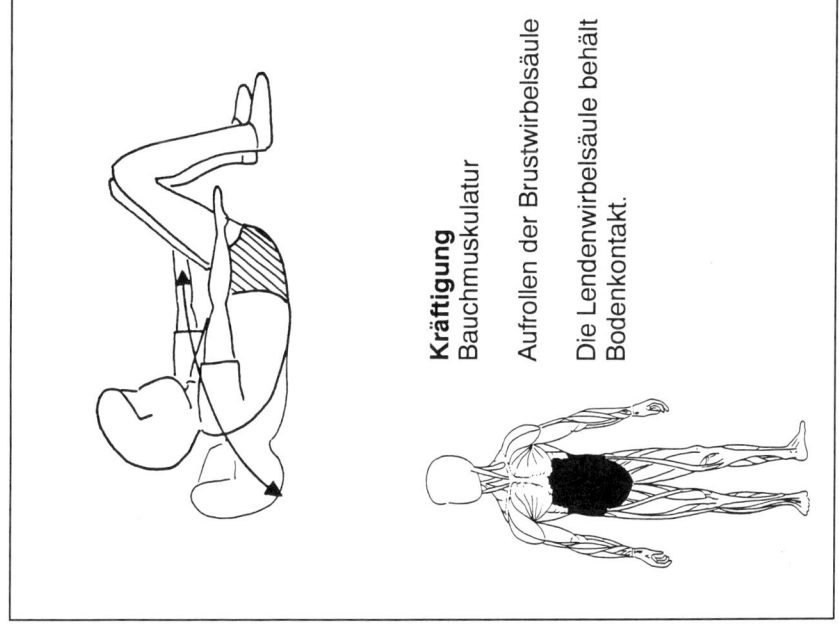

Kräftigung
Bauchmuskulatur

Aufrollen der Brustwirbelsäule

Die Lendenwirbelsäule behält Bodenkontakt.

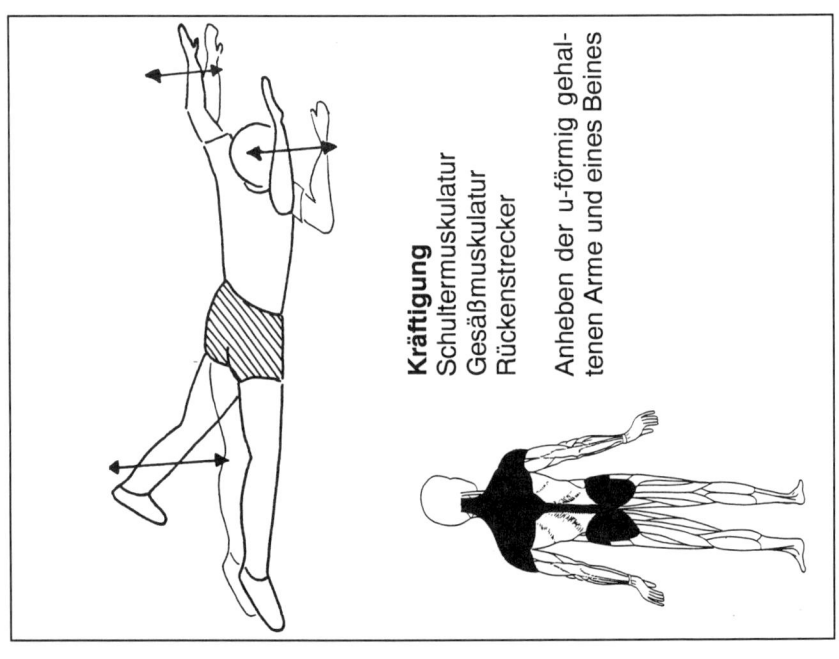

Kräftigung
Schultermuskulatur
Gesäßmuskulatur
Rückenstrecker

Anheben der u-förmig gehaltenen Arme und eines Beines

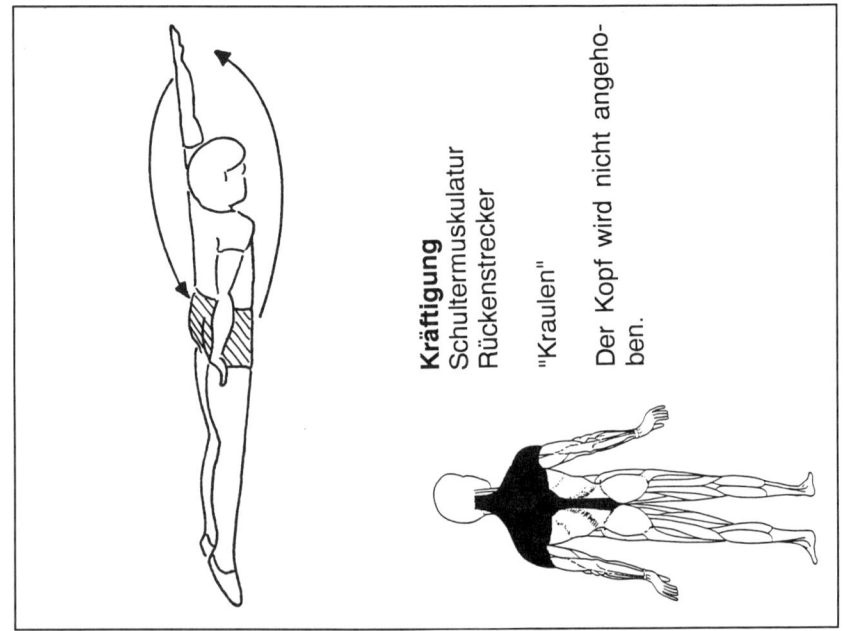

Kräftigung
Schultermuskulatur
Rückenstrecker

"Kraulen"

Der Kopf wird nicht angehoben.

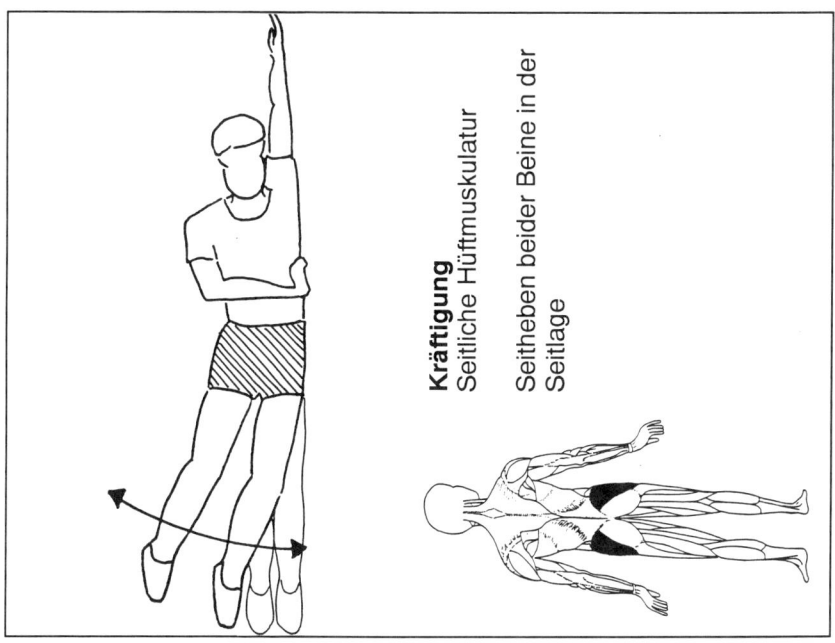

Kräftigung
Seitliche Hüftmuskulatur

Seitheben beider Beine in der
Seitlage

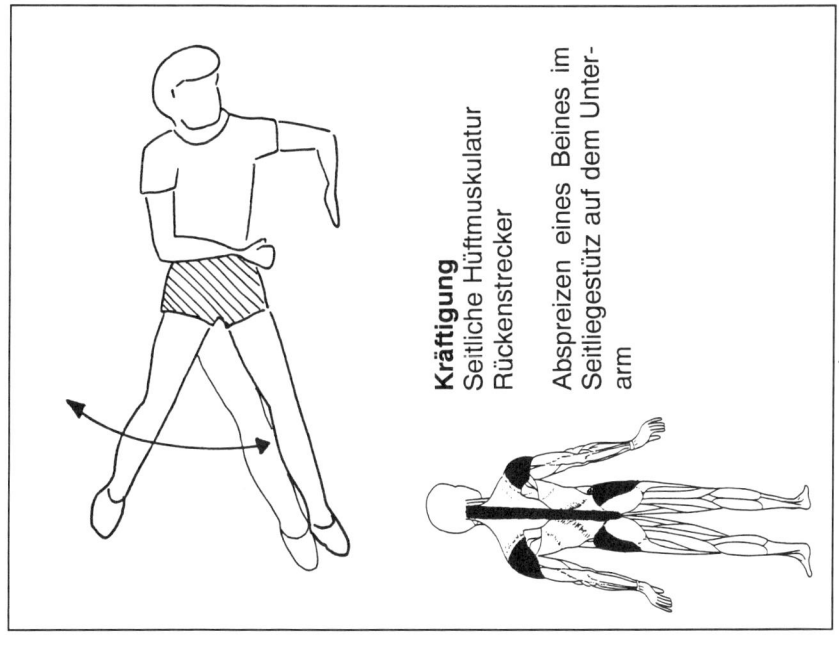

Kräftigung
Seitliche Hüftmuskulatur
Rückenstrecker

Abspreizen eines Beines im
Seitliegestütz auf dem Unterarm

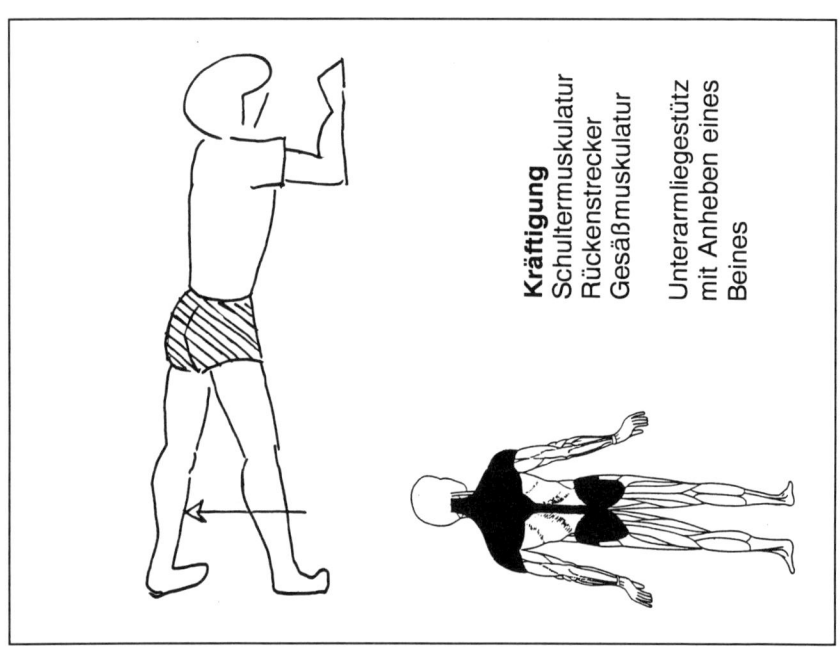

Kräftigung
Schultermuskulatur
Rückenstrecker
Gesäßmuskulatur

Unterarmliegestütz
mit Anheben eines
Beines

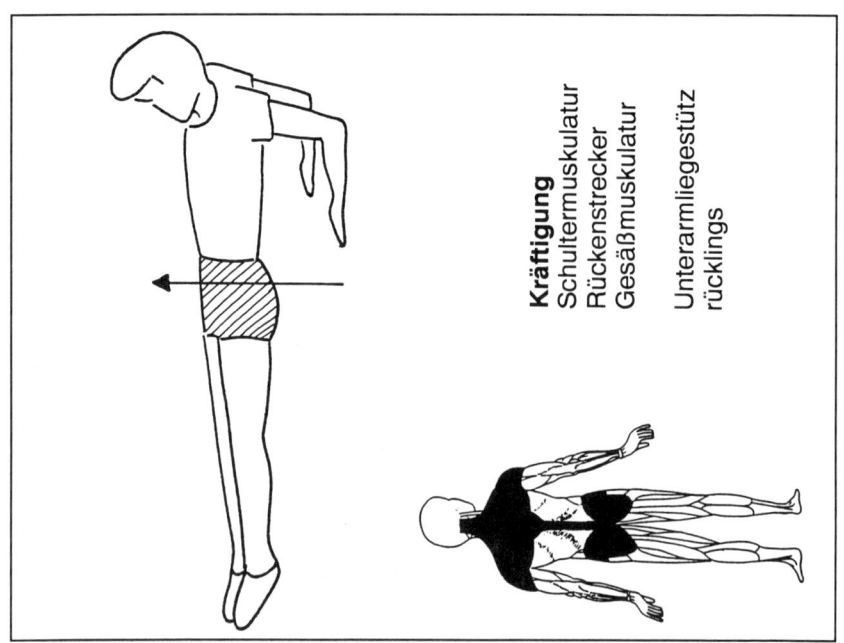

Kräftigung
Schultermuskulatur
Rückenstrecker
Gesäßmuskulatur

Unterarmliegestütz
rücklings

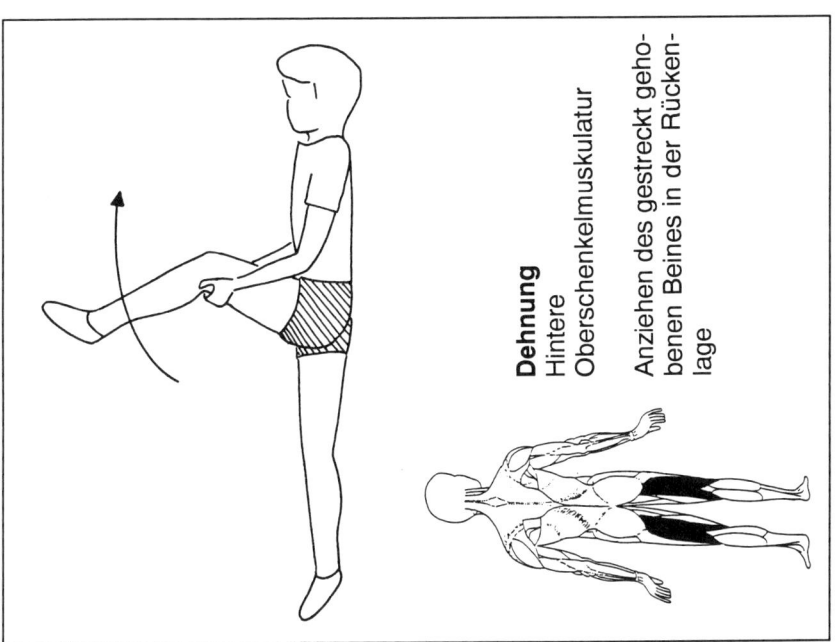

Dehnung
Hintere
Oberschenkelmuskulatur

Anziehen des gestreckt gehobenen Beines in der Rückenlage

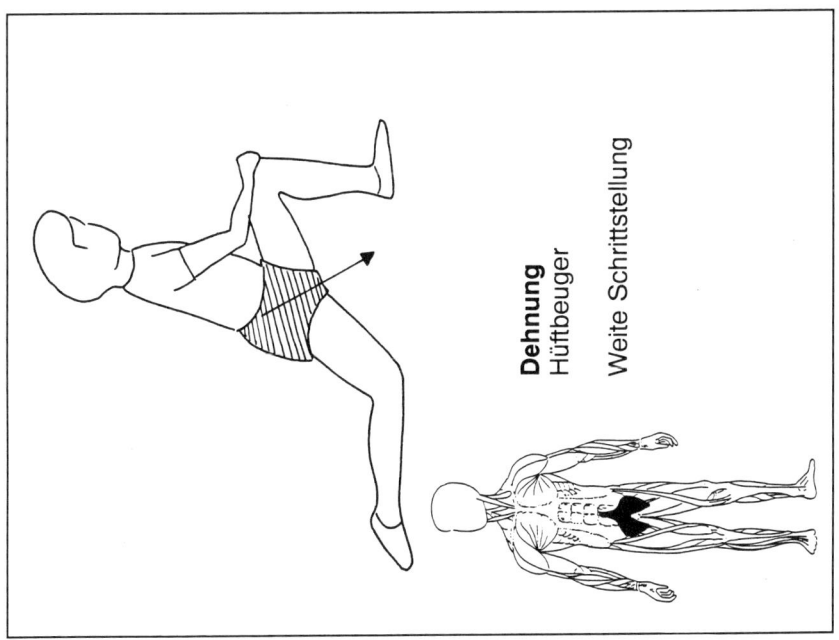

Dehnung
Hüftbeuger

Weite Schrittstellung

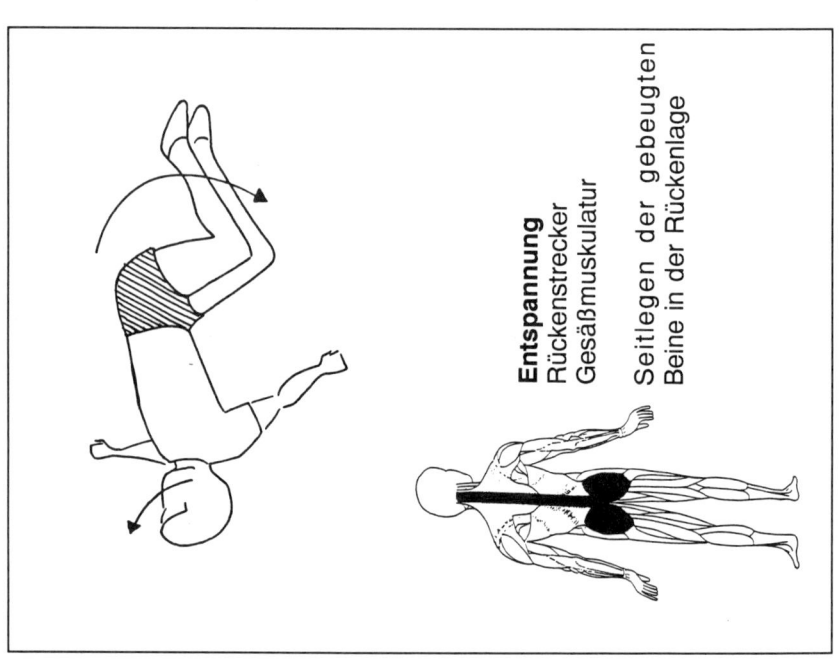

Entspannung
Rückenstrecker
Gesäßmuskulatur

Seitlegen der gebeugten
Beine in der Rückenlage

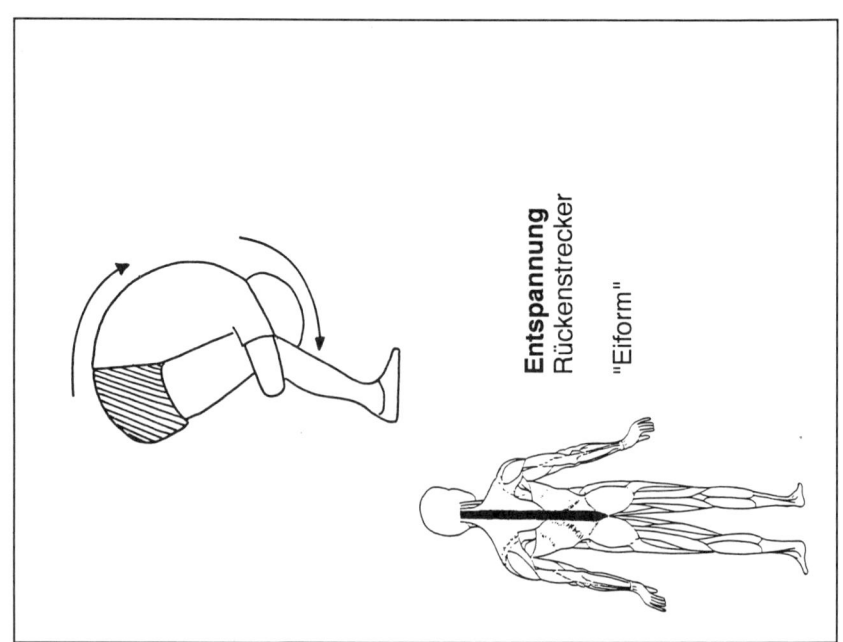

Entspannung
Rückenstrecker

"Eiform"

2. Programm: *Am kleinen Kasten*

Der kleine Kasten mit der weichen Oberfläche und einer angemessenen Höhe und Stabilität ist ein ausgezeichnetes Trainingsgerät für die Rückenschule. Für die Übungen in Rückenlage und im Unterarmstütz sollte zusätzlich noch eine Matte als weiche Unterlage dazugelegt werden.

Fast alle dargestellten Übungen können mit bis zu vier Personen an einem Gerät durchgeführt und somit auch große Gruppen mit nur wenigen Geräten bewältigt werden. Für die Programmgestaltung sind auch hier verschiedenen Vorgehensweisen möglich:
1. Die Übungen werden von allen Teilnehmern gemeinsam in der Reihenfolge Kräftigen, Dehnen und Entspannen durchgeführt. Die Kräftigungsübungen können haltend oder rhythmisch im Wechsel von Anspannung und Entspannung durchgeführt werden. Die zeitliche Gestaltung des Übens kann mit einer vorbereiteten Musikkassette vorgenommen werden. Günstig ist eine Intervallmusik mit jeweils 30 Sekunden "Arbeitszeit", in der eine je nach Arbeitsweise ruhige oder rhythmische Musik spielt, und 10 bis 15 Sekunden Pause zur Vorbereitung der nächsten Übung.
2. Die Kräftigungs- und Dehnungsübungen werden im Stationsprinzip durchlaufen, lediglich die Entspannungsübungen am Ende des Programms erfolgen gemeinsam. Für die Übungen des Kreisdurchganges werden die Arbeitskarten ausgelegt. Auch die Gestaltung dieser Vorgehensweise kann mit Musik unterstützt werden. Das geschieht z.B. in der Weise, daß nach jeweils 30 bis 60 Sekunden "Arbeitszeit" 30 bis 60 Sekunden Laufmusik für ein lockeres Traben eingespielt werden. Die Übungsausführungen im Kräftigungs- und Dehnungsteil können haltend oder im rhythmischen Wechsel von Anspannung und Entspannung erfolgen. Bei haltender Arbeit bietet sich das 30-Sekunden-Intervall an, bei rhythmischer das 60-Sekunden-Intervall.

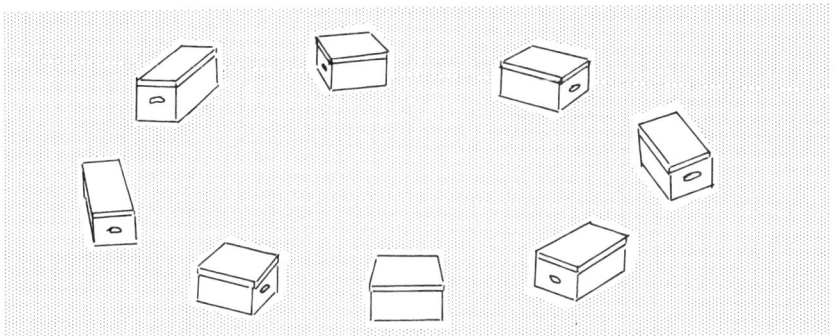

184

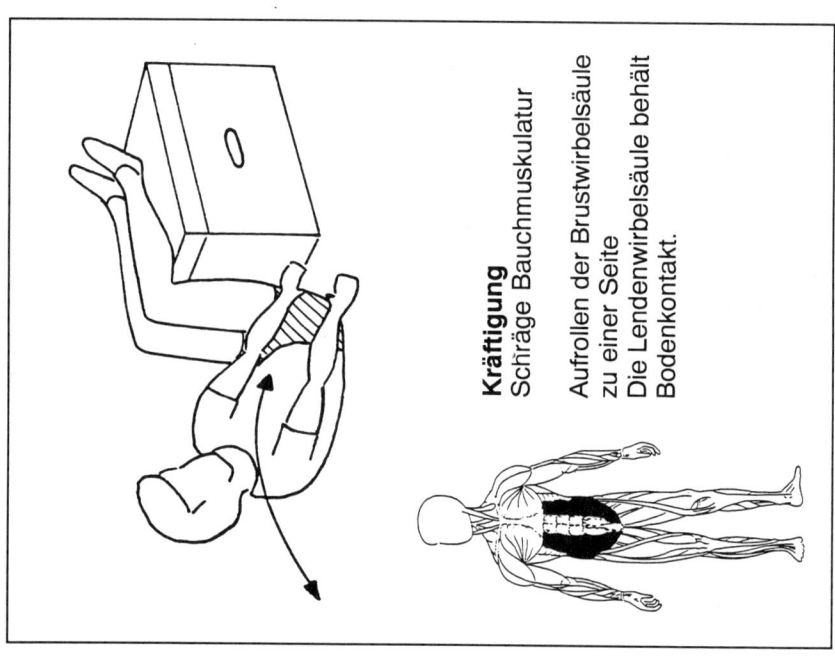

Kräftigung
Schräge Bauchmuskulatur

Aufrollen der Brustwirbelsäule
zu einer Seite
Die Lendenwirbelsäule behält
Bodenkontakt.

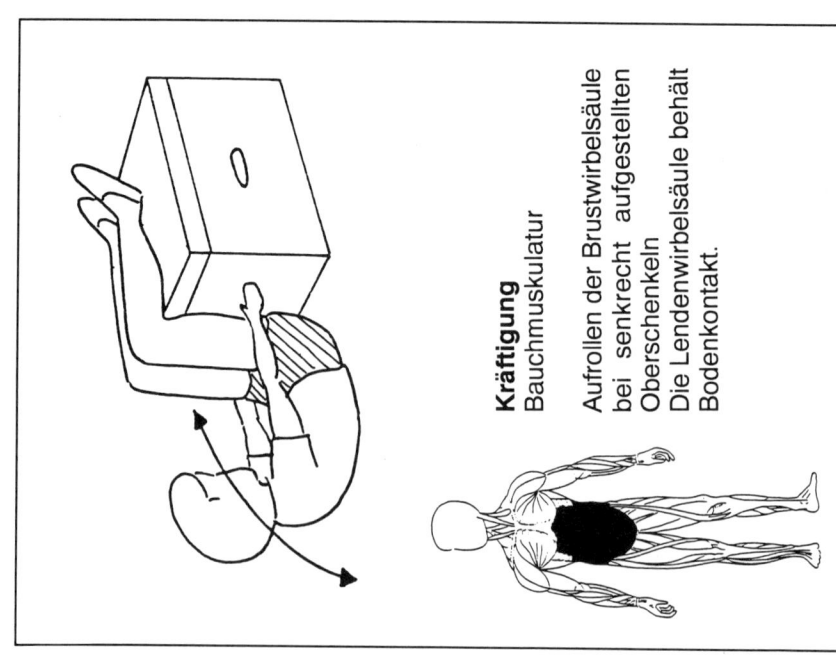

Kräftigung
Bauchmuskulatur

Aufrollen der Brustwirbelsäule
bei senkrecht aufgestellten
Oberschenkeln
Die Lendenwirbelsäule behält
Bodenkontakt.

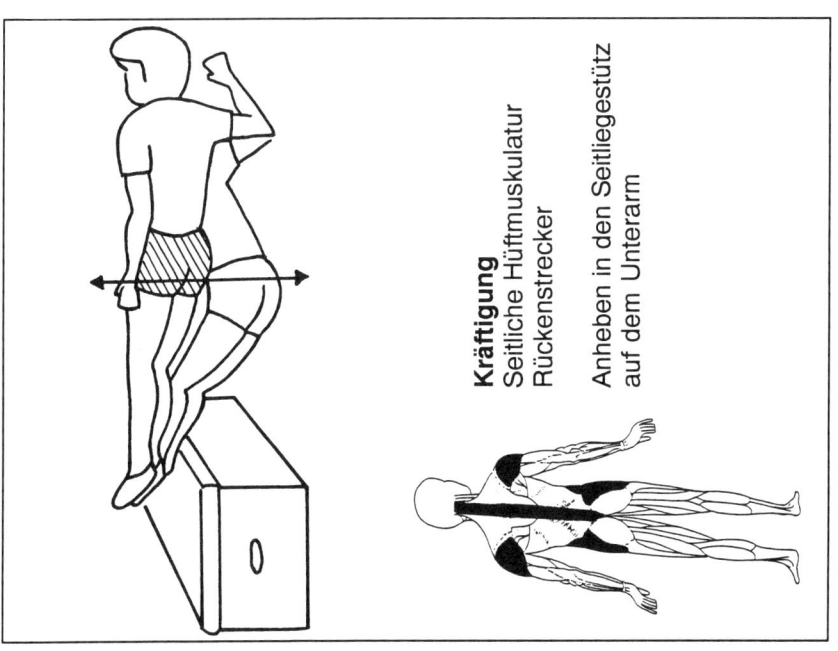

Kräftigung
Seitliche Hüftmuskulatur
Rückenstrecker

Anheben in den Seitliegestütz
auf dem Unterarm

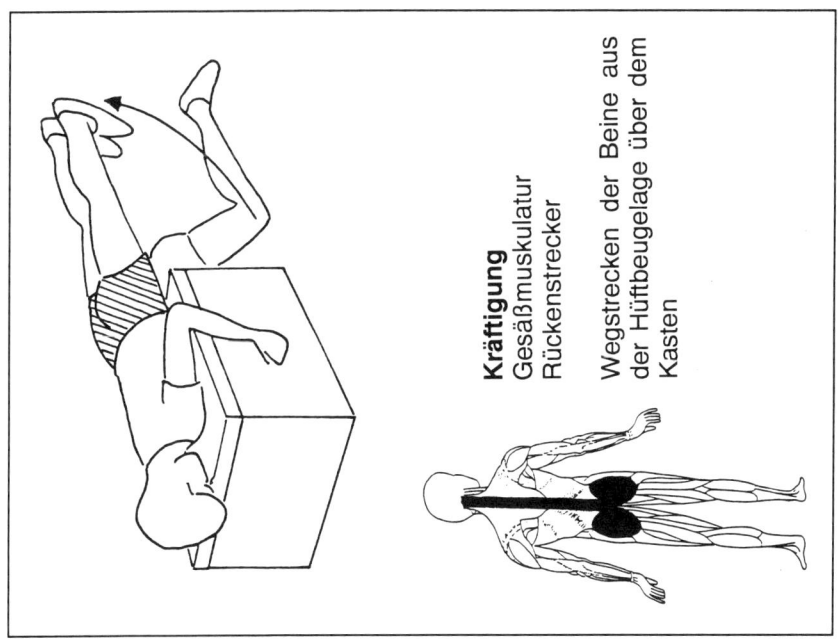

Kräftigung
Gesäßmuskulatur
Rückenstrecker

Wegstrecken der Beine aus
der Hüftbeugelage über dem
Kasten

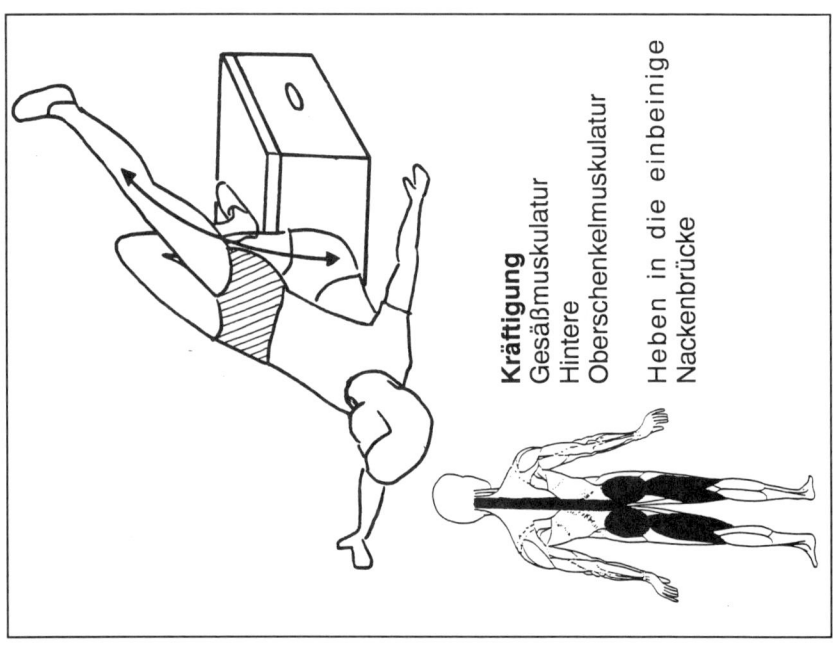

Kräftigung
Gesäßmuskulatur
Hintere
Oberschenkelmuskulatur

Heben in die einbeinige
Nackenbrücke

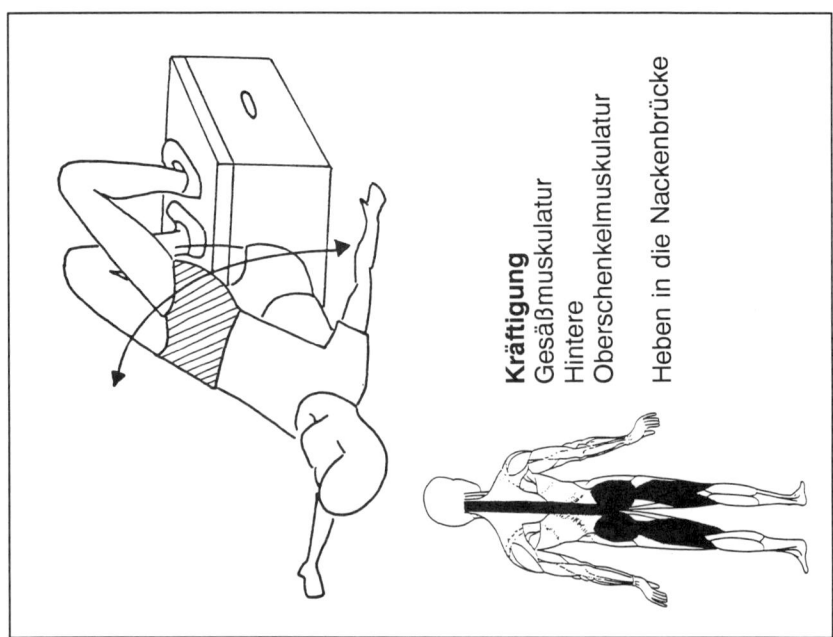

Kräftigung
Gesäßmuskulatur
Hintere
Oberschenkelmuskulatur

Heben in die Nackenbrücke

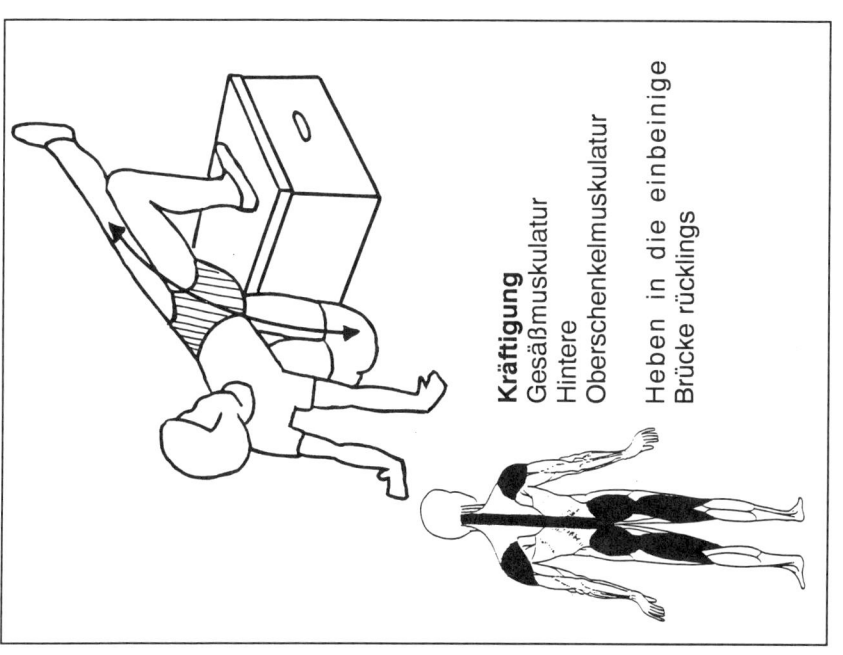

Kräftigung
Gesäßmuskulatur
Hintere
Oberschenkelmuskulatur

Heben in die einbeinige
Brücke rücklings

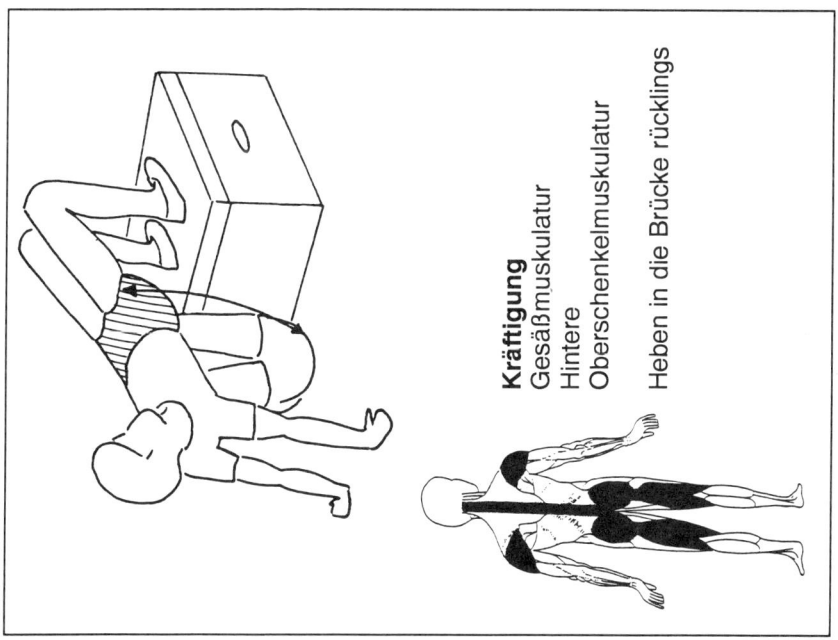

Kräftigung
Gesäßmuskulatur
Hintere
Oberschenkelmuskulatur

Heben in die Brücke rücklings

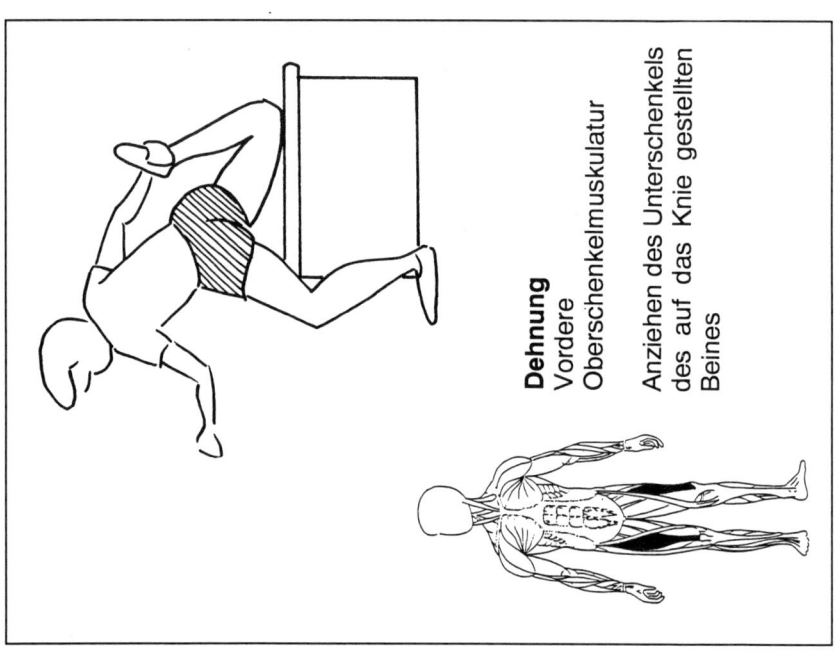

Dehnung
Vordere
Oberschenkelmuskulatur

Anziehen des Unterschenkels
des auf das Knie gestellten
Beines

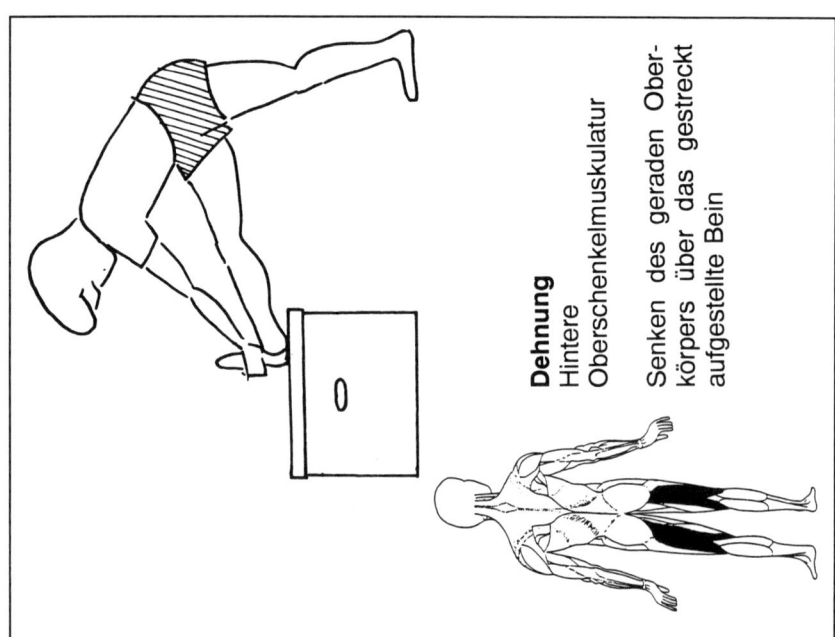

Dehnung
Hintere
Oberschenkelmuskulatur

Senken des geraden Ober-
körpers über das gestreckt
aufgestellte Bein

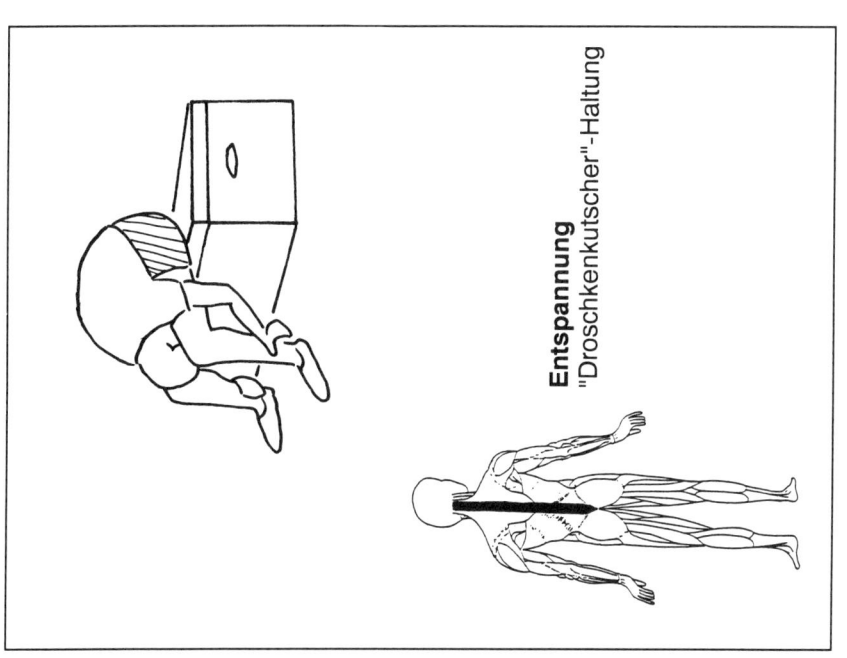

Entspannung
"Droschkenkutscher"-Haltung

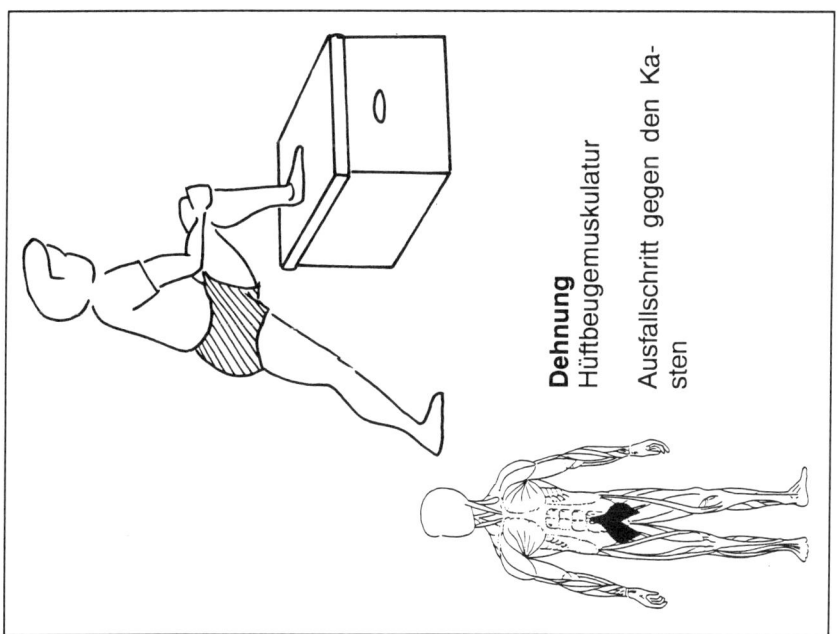

Dehnung
Hüftbeugemuskulatur

Ausfallschritt gegen den Kasten

Mit den bildlichen Darstellungen der Arbeitskarten ist ein anschaulicher Zusammenhang zwischen den Übungen und den muskulären Wirkungen hergestellt. Die muskuläre Darstellung kann als Einstieg in die Erarbeitung der anatomischer Grundlagen genutzt werden. Einfache Zuordnungsaufgaben verbessern die Sicherheit im Umgang mit der Thematik und die Selbstkompetenz der Schülerinnen und Schüler für eigene Programmgestaltungen. Die verschiedenen Möglichkeiten, aus der Praxis heraus in theoretische Vertiefungen einzusteigen, können hier nur angedeutet werden. Mögliche Vorgehensweisen sind im folgenden in ganzseitigen anschaulichen Darstellungen eher im Charakter eines Anhanges zusammengefaßt. Für die Vertiefungen ist ein zusätzliches Studium der Literatur zur Rückenschule (z.b. KEMPF 1991), zur Funktionsgymnastik (z.b. KNEBEL 1990) und zur Sportanatomie (z.b. TITTEL 1990 und WEINECK 1986) notwendig.

Beispiele, um aus der *erfahrenen* und *erlebten* Praxis einen Zugang zu einer theoretischen Erarbeitung der Thematik zu gewinnen sind:
        1. Vorgegeben sind gekennzeichnete Muskelbereiche sowie eine Sammlung verschiedener Übungen, die vorher praktisch durchgeführt wurden und mit Arbeitskarten unterlegt wurden. Gesucht sind die Übungen, die zur Kräftigung oder Dehnung der betreffen Muskelbereiche geeignet sind. Die Zuordnung wird in ein vorbereitetes Diagramm eingetragen (Zuordnungsaufgabe, Abb.25).
        2. Vorgegeben sind Übungen aus den in der Praxis durchgeführten Programmen. Für jede einzelne soll am Muskelmodell eines Menschen der Muskelbereich kenntlich gemacht werden, der schwerpunktmäßig angesprochen wird (Abb.26, 27).

Weiter ausdifferenziert wird die anatomische Betrachtungsweise, wenn über die bisherige recht pauschale Darstellung der Muskelbereiche hinaus auch Ansatz und Ursprung der Muskeln genau eingezeichnet werden. Bei ihrer Darstellung, aber auch bei der Überprüfung des vermittelten Wissens kann die Zeichnung eines Skeletts große Dienste leisten. Die Zeichnungen von Vorderseite und Rückseite des Skeletts sind als Materialien beigefügt (Abb 28), und die Arbeit mit ihnen ist mit zwei Beispielen veranschaulicht (Abb.29, 30).

Die Muskulatur des Menschen bietet den idealen Einstieg in die Besprechung des aktiven Bewegungsapparates mit den Themen Bau und Funktion der Skelettmuskulatur, Skelettmuskulaturformen, Muskelkontraktion, Zusammenspiel Nerv - Muskel, Muskelverletzungen usw.. Das menschliche Skelett dagegen bietet einen anschaulichen Einstieg in die Vertiefung der Themen des passiven Bewegungsapparates. Dazu gehören Aufbau des Knochens, Bau von Gelenken, Gelenkarten, Kapseln und Bänder, Wirbel und Wirbelsäule usw..

Bau und Funktion des Bewegungsapparates leiten dann über zum Themenbereich der Funktionsgymnastik, aus dem heraus das Thema Rükkenschule eine besondere Einbettung erfährt. Mit der Darstellung von muskulären Ungleichgewichten, tonisch und phasisch reagierender Muskulatur (Abb. 31-34) und den verschiedenen Reflexmechanismen von Dehnungstechniken kann das Thema anspruchsvoll vertieft werden.

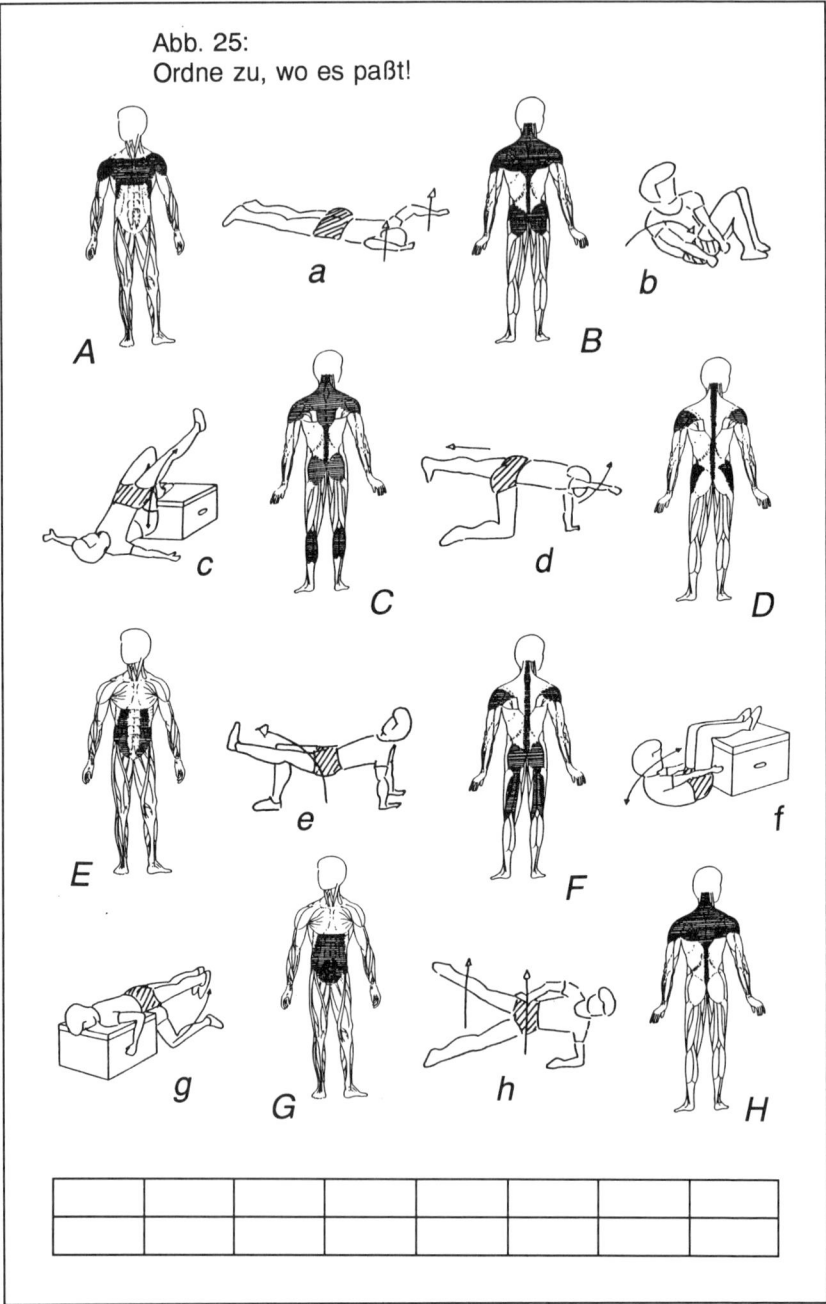

Abb. 25:
Ordne zu, wo es paßt!

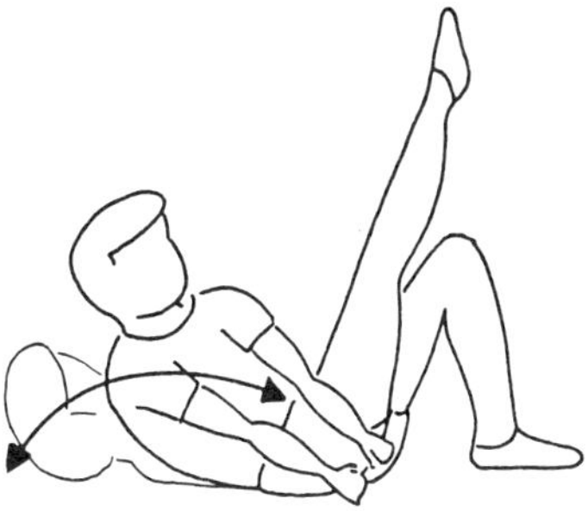

Abb. 26:
Welche Muskeln werden trainiert?
Zeichne sie ein!

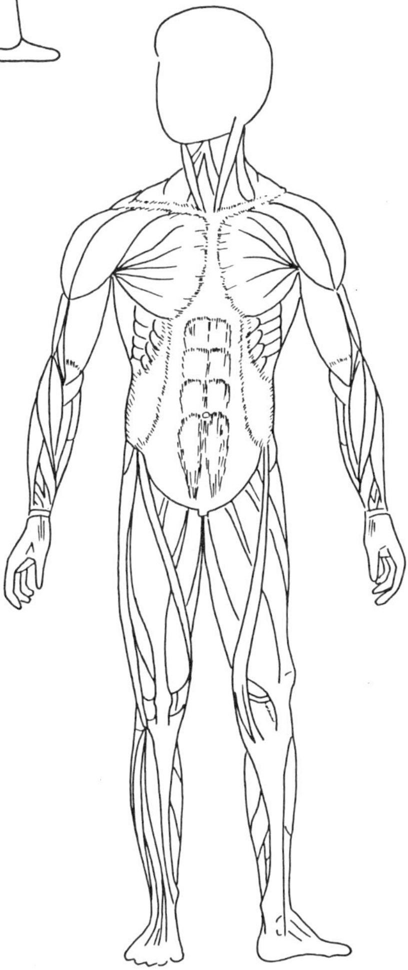

Muskulatur:

_____

_____

Ansatz:

_____

_____

_____

Ursprung:

_____

_____

_____

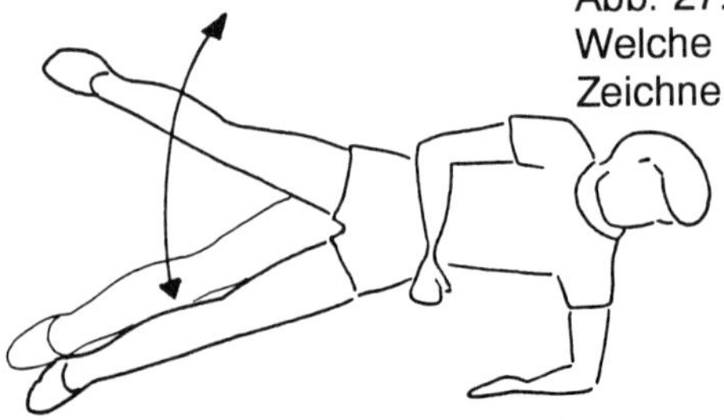

Abb. 27:
Welche Muskeln werden trainiert?
Zeichne sie ein!

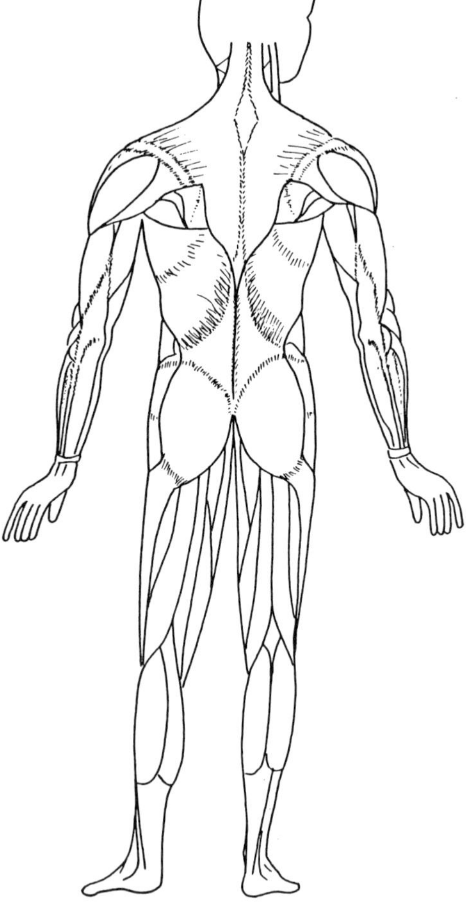

Muskulatur:

_____

_____

Ansatz:

_____

_____

_____

Ursprung:

_____

_____

_____

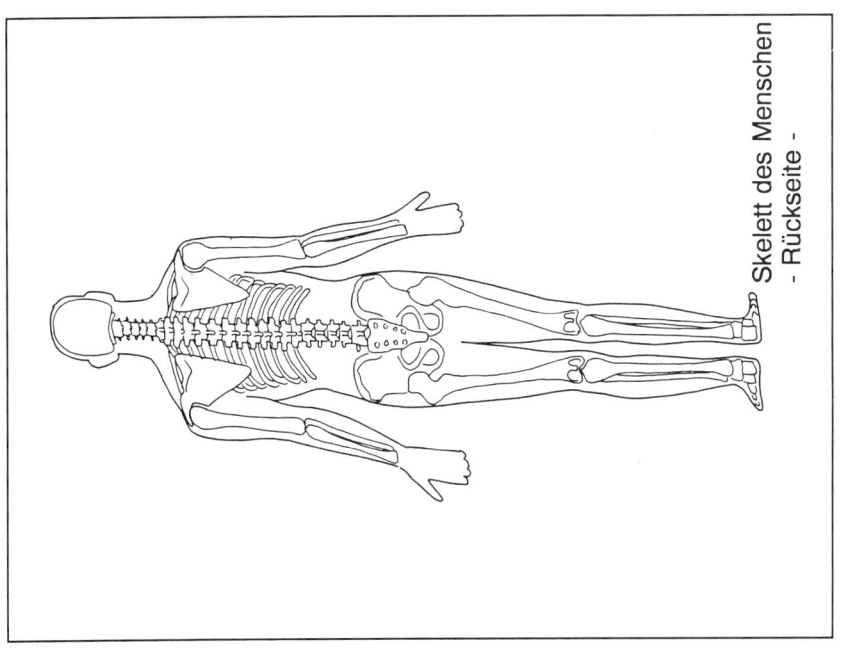

Skelett des Menschen
- Rückseite -

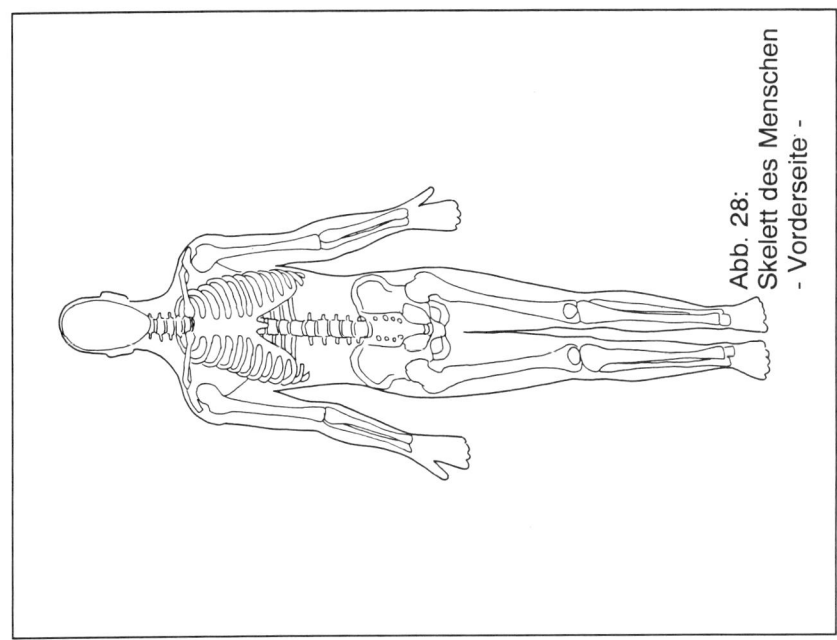

Abb. 28:
Skelett des Menschen
- Vorderseite -

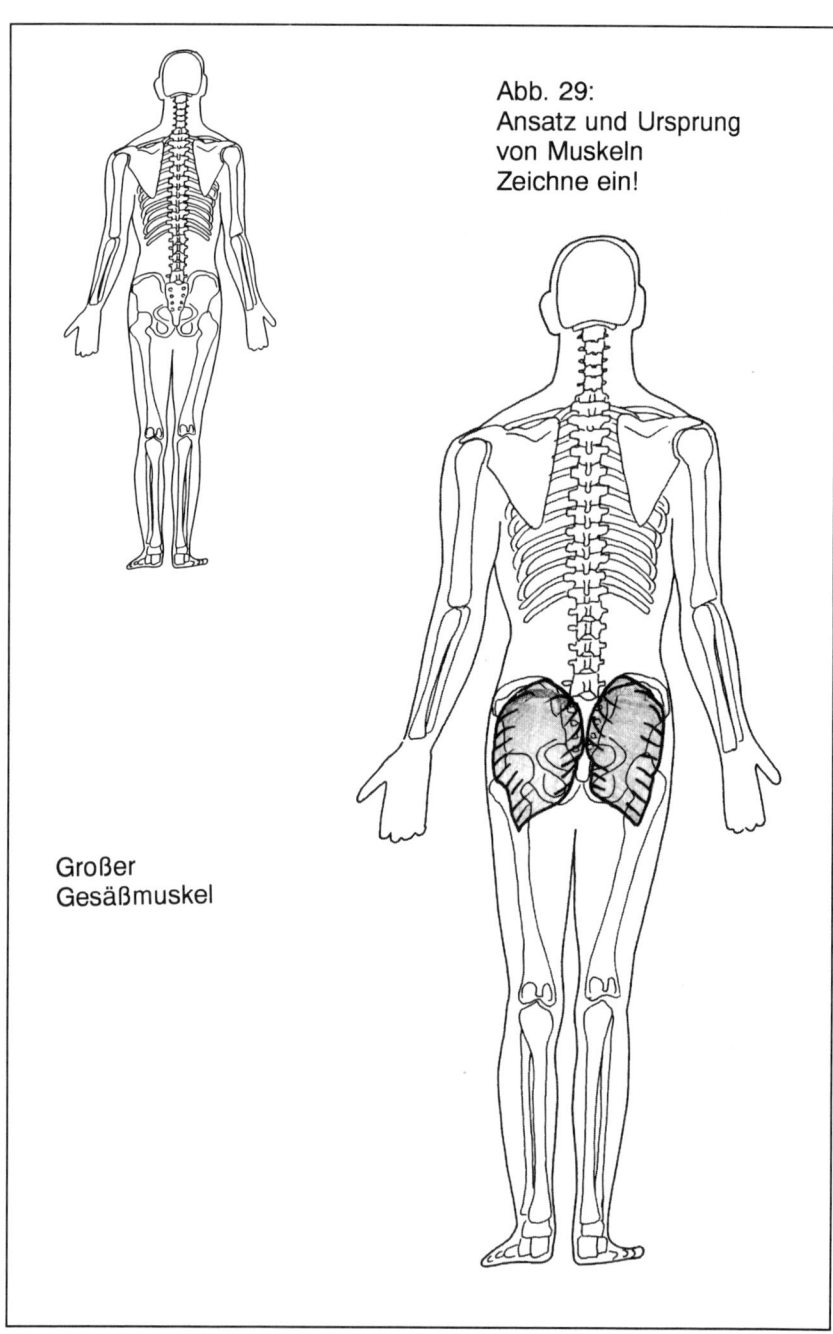

Abb. 29:
Ansatz und Ursprung
von Muskeln
Zeichne ein!

Großer
Gesäßmuskel

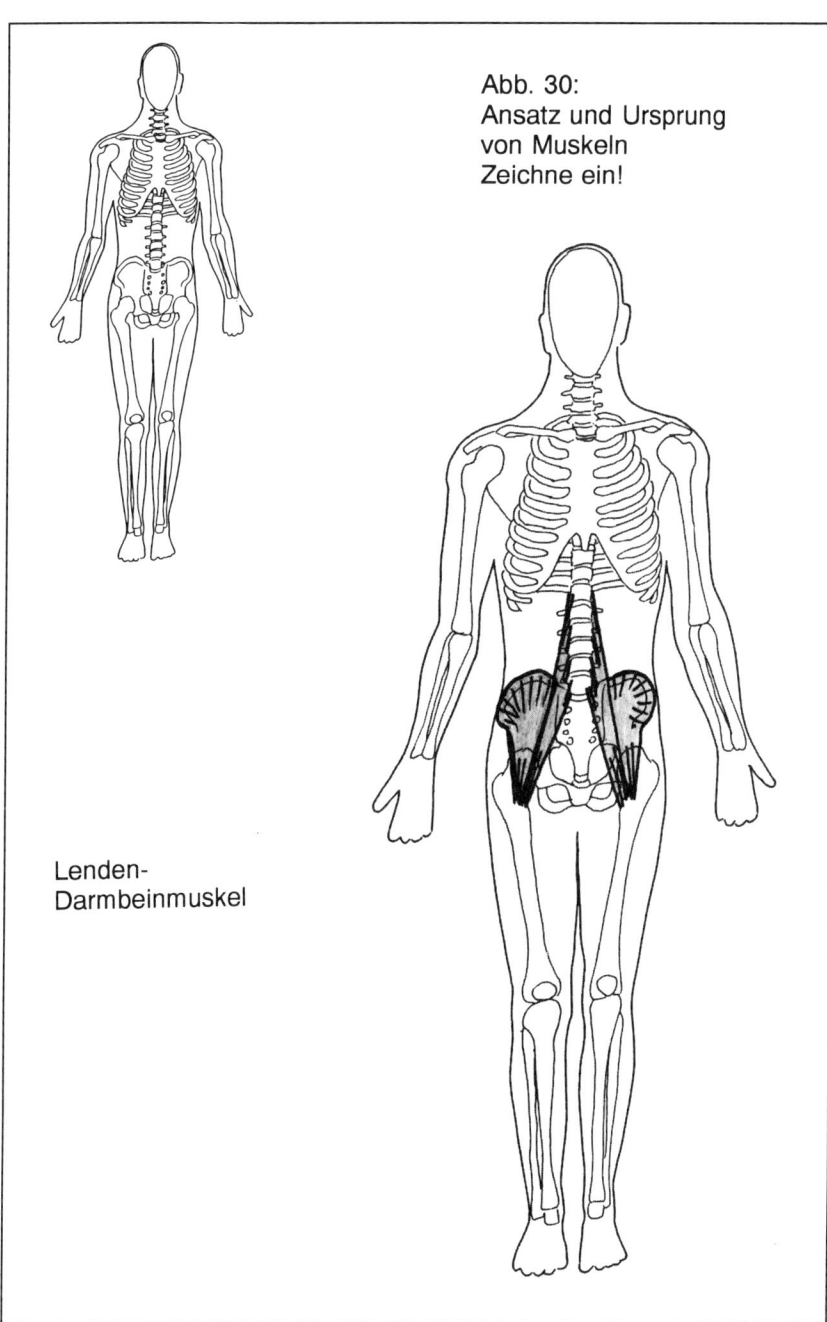

Abb. 30:
Ansatz und Ursprung
von Muskeln
Zeichne ein!

Lenden-
Darmbeinmuskel

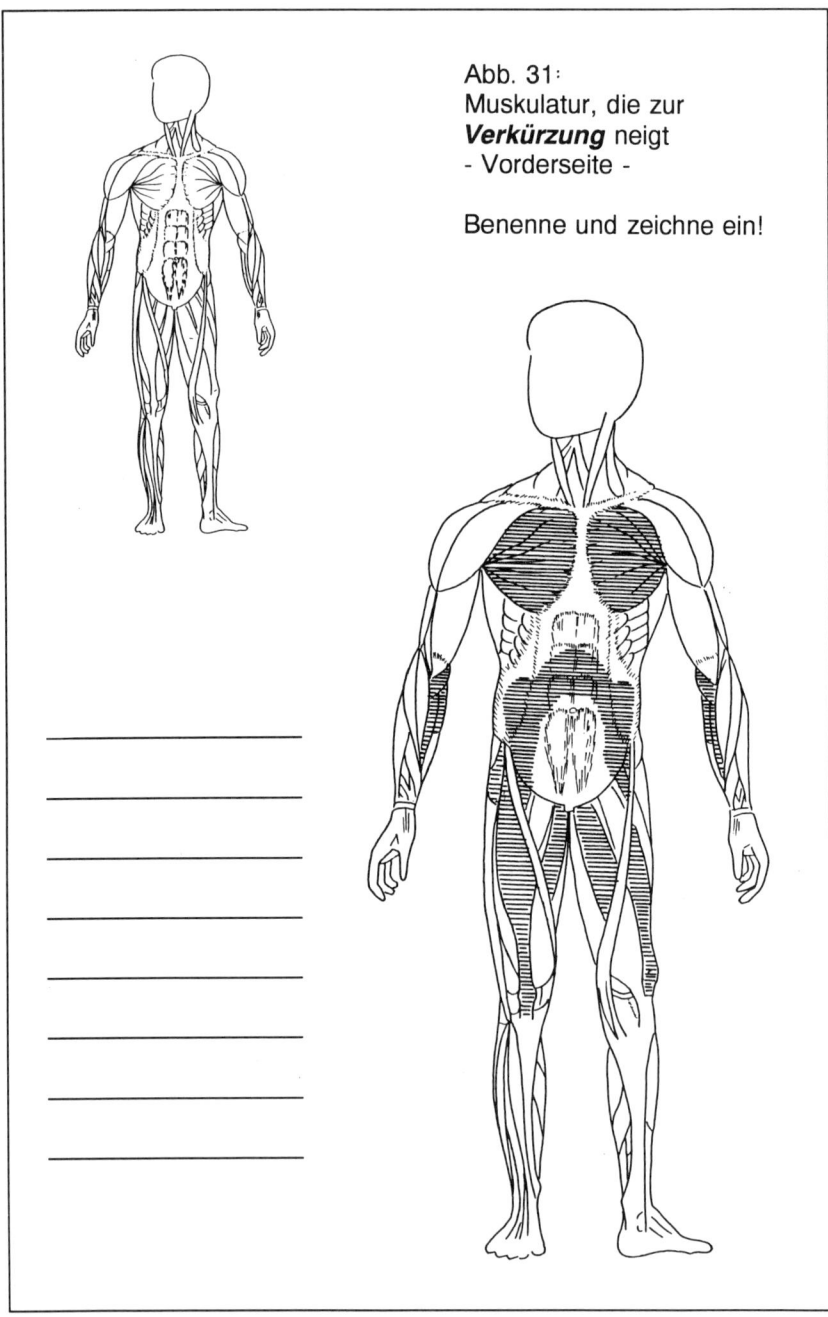

Abb. 31:
Muskulatur, die zur
Verkürzung neigt
- Vorderseite -

Benenne und zeichne ein!

199

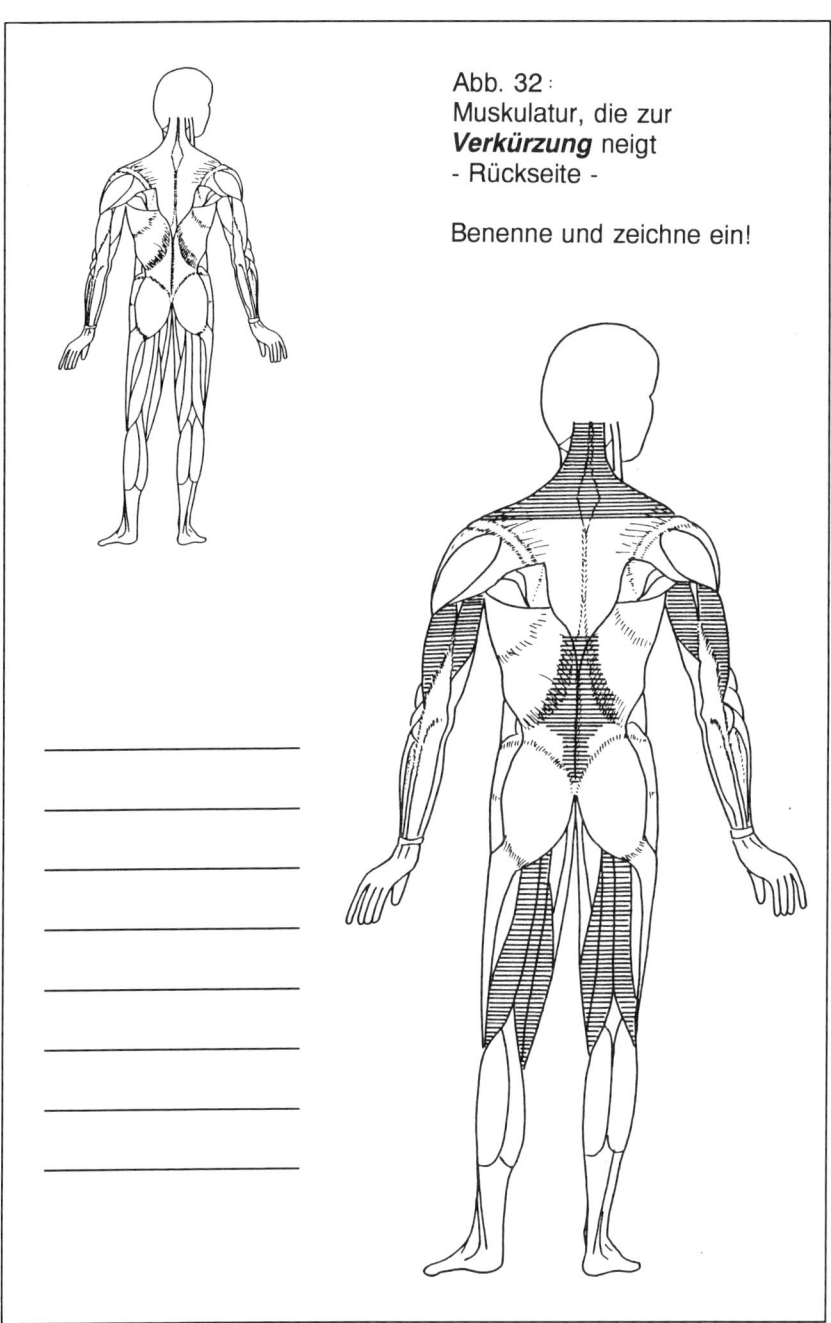

Abb. 32 :
Muskulatur, die zur
Verkürzung neigt
- Rückseite -

Benenne und zeichne ein!

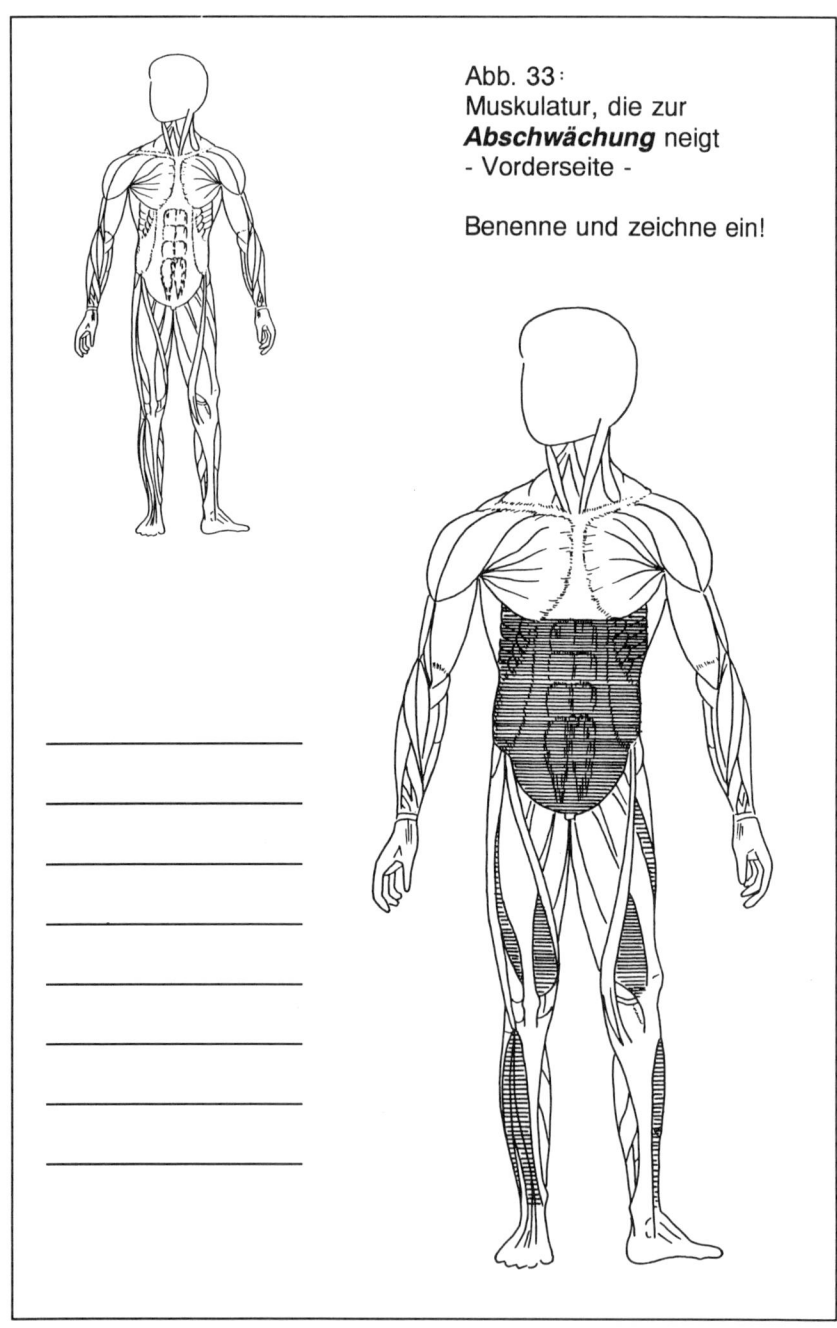

Abb. 33:
Muskulatur, die zur
Abschwächung neigt
- Vorderseite -

Benenne und zeichne ein!

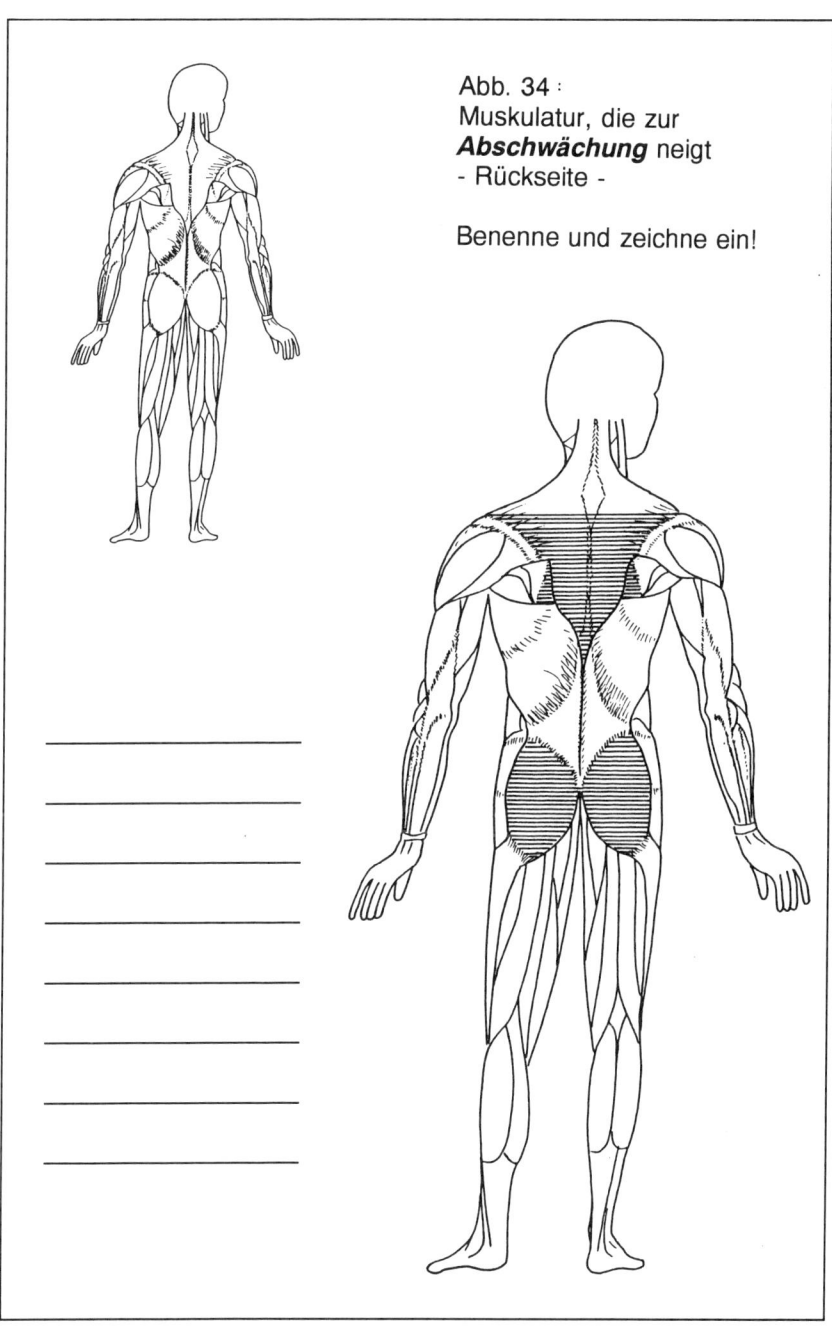

Abb. 34 :
Muskulatur, die zur
Abschwächung neigt
- Rückseite -

Benenne und zeichne ein!

Literaturverzeichnis

BRUCKMANN/DIECKERT/HERRMANN: Gerätturnen für alle - freies Turnen an Geräten. Celle 1991

GUSEK/MEDLER/RÄUPKE/ROBINSON/SCHUSTER: Kinderturnen. Grundschule und Sportverein. Neumünster 1993

HAHMANN, H.: Lehr- und Übungsbuch Sportförderunterricht. Bonn 1992

HOLLMANN, W. u.a.: "Zur gesundheitlichen Bedeutung des Schulsports". Sportwissenschaft 8(1978)2/3, 142 - 151

KATZENBOGNER,H./MEDLER,M.: Spielleichtathletik. Teil 2: Springen und Wettkämpfen. Neumünster 1992

KEMPF, H.-D.: Die Rückenschule. Reinbek 1991

KEMPF, H.-D./FISCHER, J.: Rückenschule für Kinder. Reinbek 1993

KNEBEL, K.-P.: Funktionsgymnastik. Reinbek 1985

MEDLER, M./MIELKE, W.: Fitneß im Schulsport und im Breitensport. Neumünster 1992

MEDLER, M.: Fitneß Teil 2. Materialien für ein gezieltes Körpertraining. Neumünster 1992

SCHMALER, H./SCHUSTER, A.: "Funktionelle Übungen für Kinder - aber wie?". In: Sportunterricht 43(1994)8, 113 - 119

SPRING, H,/ILLI, U./KUNZ, H.-R./RÖTHLIN, K./SCHNEIDER, W./ TRITSCHLER, T.: Dehn- und Kräftigungsgymnastik. Stuttgart, New York 1990

TITTEL, K.: Beschreibende und funktionelle Anatomie des Menschen. Jena 1990

WEINECK, J.: Sportanatomie. Erlangen 1986